OEUVRES

DE

BARTHÉLEMY ET MÉRY.

*

𝕮ome 𝕻remier.

*

PARIS

A.-J. DÉNAIN, ÉDITEUR,
RUE VIVIENNE, N° 16, A L'ENTRESOL;

PERROTIN,
RUE NEUVE-DES-MATHURINS, N. 54.

1831.

SIDIENNES.

Épîtres-Satires

SUR

LE ~~DIX-~~NEUVIÈME SIÈCLE.

15 juin 1825.

—

> Meliùs est ut scandalum oriatur quam ut veritas taceatur.
>
> S. GRÉG. DE NAZ.

NOUVELLE PRÉFACE

Des Sidiennes.

—

A l'époque du sacre de Charles X, en 1825, Sidi-Mahmoud vint à Paris, comme ambassadeur du dey de Tunis, pour assister, dans la basilique de Reims, à la royale cérémonie. M. Dreux-Brézé, qui a emporté dans la tombe tant d'érudition de blason et d'étiquette, avait trouvé, dans ses vieilles chroniques, qu'un Sacre n'était pas complet sans ambassadeur turc, et il avait fait écrire dans toutes les Échelles du Levant d'expédier à Paris quelque frais icoglan avec turban et cachemire. Sidi-Mahmoud fut le produit de cette circulaire.

Ce barbare se vit accueilli comme un Dieu par

MM. de Villèle et Peyronnet, lesquels voyaient en lui le despotisme et l'abrutissement incarnés. M. de Corbière le conduisit pompeusement à la bibliothèque en lui contant l'histoire d'Omar ; M. Cuvier le présenta poliment à ses compatriotes du jardin royal ; M. de Puymaurin composa de verve un distique latin, coulé sur bronze, dans lequel le poëte donnait à Sidi la prudence des serpens et la force des lions, chose neuve en Orient ; enfin les questeurs de la Chambre des députés envoyèrent au noble Turc un coupon de loge, en le priant d'assister à l'enfantement de la loi du Sacrilége. Telles étaient les mœurs politiques de l'époque : toute la bienveillance des ministres s'était concentrée sur un icoglan heureux ; et nous qui l'avions vu, à Marseille, courir ivre dans les rues, escorté par les huées de la populace, qu'on juge de notre indignation, en l'apercevant un jour, sur le balcon de l'hôtel Rivoli, se pavanant entre M. de Villèle et le duc de Northumberland. Barbare digne de pitié ! ce ne fut point contre lui que nous dirigeâmes nos premiers feux ; lui faisait son métier de Turc, il s'asseyait à la table des ministres, parce qu'on l'invitait, et courait Paris en carrosse aux frais de l'État. Nous nous servîmes de son nom comme d'une enseigne de mode, pour attirer sur nos vers les regards du public. Ce n'était pas chose nouvelle à Paris ; notre cadre même était fort usé ; depuis

Voltaire et Montesquieu, que d'Orientaux n'avait-on pas mis en scène pour fronder nos mœurs par des contrastes aisément amenés ! Quoi qu'il en soit, nous réussîmes après tant d'autres, et ce fut au nom en vogue de Sidi-Mahmoud que nous dûmes en partie notre premier succès.

Peu d'années après nous recueillîmes, à Marseille, quelques informations sur ce personnage qui avait joué un rôle dans notre vie littéraire.

Ce pauvre Sidi avait long-temps attendu dans cette ville un bâtiment nolisé pour Tunis ; alors, quel œil aurait pu reconnaître le frais ambassadeur pour lequel M. de Corbière s'était fait galant, et M. de Puymaurin poëte ! Tous les vestiges de son opulence de Sacre avaient disparu ; cachemire, yatagan, caftan vert, croissant d'or, tout s'était évaporé en orgies populaires. Pour charmer sa pauvreté, il contait en langue franque, aux passans, sa vie enivrante de Paris, et souvent, dans ses récits fanfarons, revenaient ornés d'épithètes tunisiennes les noms de quelques dames du noble faubourg.

Première Sidienne.

—

A SIDI MAHMOUD.

A SIDI MAHMOUD.

—

A toi que la fortune a conduit par la main
Des champs où fut Carthage au faubourg Saint-Germain,
Qui, sur les doux coussins où le plaisir repose,
Sais trouver la douleur dans les plis d'une rose,
Sybarite africain, salut ! Que Mahomet
Te comble, après ta mort, des biens qu'il te promet !

Digne ami de ce roi, le plus doux de la terre,

Qui caresse le peuple avec un cimeterre,

Et, pieds et poings liés, le condamne au bonheur;

Toi, son représentant, Sidi, fais-nous l'honneur

D'appliquer à Tunis les mœurs de notre France;

Que sur ton Code noir nos lois de tolérance,

Écrites de ta main en articles de sang,

Donnent un nouveau lustre à l'éclat du Croissant!

Mont-Rouge te dira par quel moyen commode [1]

On fait de l'Alcoran une Charte à la mode;

Comment on peut bénir Maroc et Nazareth;

Dans tous les carrefours planter un minaret,

Pour happer les enfans, catéchiser les mères,

Et mettre, au nom du ciel, le salut aux enchères.

Tu sentiras, buvant avec mons Delavau,

Les secrets du métier jaillir de ton cerveau;

Ce grand-inquisiteur, de moderne fabrique,

Est digne de fonder une école en Afrique.

Jette-toi dans les bras du père Marchangy,

Français comme un Gaulois, doux comme un bostangy :

De ce hault justicier tu peux beaucoup apprendre,

Il sent, d'un quart de lieue, un chrétien bon à prendre;

Son Code est éclairé par la torche d'Omar,

Et son lit entouré des spectres de Clamar [2].

C'est l'homme qu'il te faut. Mais choisis pour modèle,

Entre nos sept visirs, leur président Villèle;

Aborde son palais, parle aux ventrus, apprends

L'art de manger le peuple à la table des grands;

Fais comme eux : quand la foudre épouvante la terre,

Nargue ton Mahomet sous un paratonnerre [3].

Daigne observer aussi ces sales râteliers

Où broutent de Franchet les sombres familiers;

Vrais Turcs nés à Paris, écrivains mercenaires,

Prêts à chanter en chœur un hymne aux janissaires.

Jette-leur des sequins, promets-leur un ruban,

Ils vont peindre aussitôt saint Ignace en turban,

Et, le verre à la main, railler en vaudevilles

Les Grecs de Botzaris tombés aux Thermopyles.

Laisse ces malheureux, visite nos autels;

C'est là qu'un Dieu de paix console les mortels.

Eh bien! qu'aperçois-tu? De noirs missionnaires

Hurlant sur des tréteaux, escaladant les chaires,

Plantant, aux frais publics, de gigantesques croix,

Et dictant aux préfets leurs souveraines lois.

Protégés par l'*Étoile* et la gendarmerie,

Ces commis-voyageurs de la tartuferie

D'un farouche pécheur escomptent les remords;

Pour frapper les vivans, troublent la paix des morts;

Sur leur chaire tonnante, où s'allume la poudre,

Ils osent de leur Dieu parodier le foudre [4],

Sonnent de la trompette, annoncent hardiment

Pour le trente du mois le dernier jugement;

Puis dans tous les hameaux, que leur zèle ravage,

Ils font au pauvre serf chérir son esclavage;

Et, gorgés de trésors, placent au denier-trois

L'aumône des chrétiens chez le banquier des rois [5].

Sidi, reconnais-tu dans ces prêcheurs nomades,

Dévots porte-étendards de nouvelles croisades,

Ces apôtres zélés, par l'esclave béni,

Qui jadis s'élançaient au bagne de Tunis,

Et, bravant de ton Dey la royale clémence,

Rachetaient un chrétien pour le rendre à la France?

Leurs prudens successeurs montrent le bref papal

Qui les a dispensés d'aller braver le pal.

La palme des martyrs pour eux n'a plus de charmes,

Dans nos temples sacrés ils entrent en gendarmes;

Des curés fugitifs ils se font héritiers,

Et trouvent le Pactole au fond des bénitiers [6].

Ah! qu'ils sont beaux d'orgueil, quand nos vierges mystiques

Du poëte Guyon entonnent des cantiques 7,

Ou ces airs si touchans, ces airs de Boyeldieu

Surpris de moduler les louanges de Dieu !

Mais que vois-je, Mahmoud ? Tes lèvres débonnaires

S'attachent aux rabats de nos missionnaires....

Oui, ton cœur est jaloux des immenses bienfaits

Dont le froc et Mont-Rouge accablent les Français :

Eh bien ! que tes imans imitent ces bons pères !

Qu'ils plantent des croissans, qu'ils bâtissent des chaires !

Que par eux tes sujets soient damnés et bénis !

Fais mentir le Koran ; que la France et Tunis,

Entre Rome et Franchet tour à tour ballottées,

Soient désormais deux sœurs également dotées !

Nouvel Anacharsis, en des pays lointains

Tu promenas le cours de tes heureux destins ;

Tu méditas la France et dis : « Sans flatterie,

Plus je vois l'étranger, plus j'aime ma patrie. »

De tes nobles travaux recueille un docte fruit,

Ne retourne au harem que diplomate instruit.

Mais jouis cependant; roule en char de remise;

Éclipse, si tu peux, le duc de la Tamise;

Garde-toi qu'un Français ne t'explique Parny;

Improvise un sérail dans ton hôtel garni [8];

Et que, parmi les fleurs, ta chibouque allumée

Exhale autour de toi de longs flots de fumée;

Que le théorbe en main de jeunes icoglans

Charment sur ton balcon tes ennuis nonchalans;

Et puisses-tu, bercé par tes belles maîtresses,

Entre le doux sommeil et leurs douces caresses,

Arriver en bon Turc aux célestes lambris

Où l'on boit le moka sur le sein des houris

Deuxième Sidienne.

—

ADIEUX

A SIDI MAHMOUD.

Adieux
A SIDI MAHMOUD.

—

Ta présence à Paris n'est donc plus nécessaire,
Envoyé pacifique, aimable janissaire,
Philosophe caché sous le turban d'Ali?
Tu pars, sage Mahmoud, ton devoir est rempli,
La fête œcuménique à Reims est terminée :
Pompe vraiment auguste, immortelle journée,

Où le prêtre romain vit, dans son temple assis,

L'hérétique insulaire et le Turc circoncis!

On dit que, pour fêter une si grande époque,

Tolérant osmanlis et chrétien équivoque,

Tu contraignis un jour les gens de ta maison

A chanter le Koran sur un air d'oraison;

Pieux littérateur, tu commentas peut-être

Tous les psaumes français que le Sacre a fait naître;

Et quand de l'Institut tu franchis le portail,

Auprès de Marcellus bravant l'odeur de l'ail,

Tu semblais applaudir aux Muses d'outre-Seine.

Ah! puisque de l'Afrique il nous vint un Mécène,

Puisque Ton Excellence en sa barbe a souri

Aux vers d'un courtisan de Juvénal nourri,

Daigne aussi sur les miens jeter un œil propice,

Et souffrir que ton nom pare ce frontispice!

Est-il vrai qu'un croyant ignorant et grossier

Offre à la poésie une oreille d'acier?

On le dit; mais n'importe, en pareille matière
Je te crois plus savant et moins Turc que Corbière.

Pars : qu'Allah de ta route écarte tous dangers !
De ce qu'ont vu tes yeux sur ces bords étrangers
Va charmer au plus tôt tes houris attentives ;
Rentre dans ton harem où ces jeunes captives
Goûtent nonchalamment, sans perdre leurs ennuis,
Et la fraîcheur des bains et la brise des nuits :
Telles au fond des bois quelque temps égarées,
Brament, d'un cri d'amour, des biches altérées,
Quand le mois chaleureux qu'annoncent les zéphirs
De leur sauvage amant rajeunit les désirs.
Toutefois, au milieu de tes belles sultanes,
Tu n'oublîras jamais ces douces Roxelanes,
Qui de tes nobles mains ont quelquefois reçu
Ces fils que le Tibet serre en léger tissu.
Quel prince plus que toi se montra populaire?

Tu choisis pour patron Louis-le-Débonnaire [1] :

Chaque jour on te vit, comme un bon citadin,

Du palais d'Orléans parcourir le jardin,

Flaner aux boulevards, bâiller à nos théâtres.

Mais au sein de nos jeux, de nos scènes folâtres,

Tes regards pénétrans, sagement indiscrets,

De la chose publique ont atteint les secrets.

Long-temps tu méditas sur ces longues colonnes,

Où le bon *Moniteur*, en lignes monotones,

Vend à ses abonnés et dédie à Clio

Les mensonges du jour écrits *in-folio*.

Tunis, par tes leçons, va réduire en pratique

De nos sages visirs la haute politique.

Ton maître adoptera notre Code, nos mœurs;

Et, d'un côté mutin dédaignant les clameurs,

Il pourra, sans danger pour sa toute-puissance,

Des débats d'une Chambre avoir la jouissance.

Conte-lui sur ce point nos traits les plus vantés ;

L'art de faire des lois avec des députés

Qu'un prudent ministère eut soin de faire élire,

Quelques-uns pour parler, beaucoup pour ne rien dire ;

Comment, pour résultat de leurs sages budgets,

L'embonpoint du ministre amaigrit les sujets ;

Comment, lorsqu'un décret de l'auguste assemblée

Annonce un long désastre à la France troublée,

Si les tristes rentiers, par Villèle meurtris,

Exhalent leurs douleurs en poussant de longs cris,

Pour dernier argument, pour unique ressource,

On traite de *voleurs* ceux dont on prend la bourse.

Si ton Dey veut savoir sur quel corps respecté

Nos tremblans citoyens fondent leur sûreté,

Vante-lui dignement l'honorable milice

Des braves familiers d'un nouveau Saint-Office ;

Aux ordres de l'aga, dieux ! qu'ils sont attentifs !

Les muets du Sérail sont moins expéditifs :

Soit que, pour disperser des bandes attroupées,

Centaures menaçans, aux pesantes épées,

Sous leur galop rapide ils foulent les piétons ;

Soit que, disséminés en légers pelotons,

Dans les cirques bruyans où la foule se porte,

A l'église, au théâtre, ils assurent main forte,

Et partout des bourgeois contiennent le troupeau

Par l'aspect de Thémis en culotte de peau.

Sidi, tu peux sans peine en tracer le modèle ;

Mais feras-tu jamais la peinture fidèle

De ces Argus cachés, sylphes insidieux,

Invisibles partout et présens en tous lieux,

Sous mille traits divers déguisant leur figure ?

Tantôt, de l'éperon rehaussant leur chaussure,

D'un brave de l'armée ils prennent le maintien ;

Tantôt ils ont recours au vêtement chrétien,

Et, comme de leur maître ils ont le privilége

D'enfreindre impunément la loi du sacrilége,

Sous un chapeau construit à trois angles aigus,

Ils donnent l'air mystique à leurs traits ambigus;

D'autres fois, en public, leur perfidie étale

La poudre aux blancs flocons, l'épée horizontale,

L'épaulette menue et le ruban fané,

Des guerriers féodaux appareil suranné.

Si de cet art profond tu connus le mystère,

Hâte-toi d'importer cet obscur ministère,

Qui, soutien d'un État sans lui mal affermi,

Dans chaque citoyen soupçonne un ennemi.

Puisse en Afrique, un jour, ce système s'étendre!

Le visir le plus sot a l'esprit de l'entendre,

Et, par des arrêtés signalant son pouvoir,

A côté de Franchet est digne de s'asseoir.

Apprends-nous cependant si ta douce patrie

Des publicains français égale l'industrie ;
Si la douane en turban vaut les droits réunis,
Si la gueule du fisc est plus large à Tunis.
Sache que, parmi nous, on a pris pour maxime
Qu'un impôt, quel qu'il soit, est toujours légitime ;
Qu'à la caisse publique une fois confié,
Le tribut le plus sale en sort purifié ;
Et qu'en le recevant on flaire avec délices
L'or que Boursaut-Malherbe extrait des immondices [2].

Écoute, si tu veux recevoir sur ce point
Une utile leçon qui ne s'efface point,
Suis-moi ; pour ton drogman adopte-moi sans crainte,
Une dernière fois explorons cette enceinte.
Vois, dans le vieux *Marais*, cet hôtel si connu
Qu'inonde à flots pressés un peuple demi-nu ;
Entends l'huissier-priseur, d'une voix enrhumée,
Taxer du malheureux la dépouille enfumée,

Et prêter galamment la moitié de son prix

Sur *la vieille vaisselle au poinçon de Paris.*

C'est là que, de la loi bravant la flétrissure,

Le fisc élève un temple au démon de l'usure,

Et qu'on voit, sans danger, montrant un front hardi,

Tel qu'atteindrait chez toi le bâton du cadi.

Que Baron à son gré gouverne ce domaine [3],

Fuyons. Des Blancs-Manteaux, le hasard nous promène

Vers cet autre palais où le vol effronté,

Sous trois fleurs de lis d'or, triomphe en sûreté :

Brillante loterie ! un édile équitable

Daigne prendre avec grâce et compter sur sa table

Le cuivre de Paris et l'or des Maroquins ;

Là tu peux en billets convertir tes sequins,

On y vend à vil prix une chance opportune,

Un vieillard en haillons vous donne la fortune [4],

Et l'important secret, encor si peu connu,

Des crédules lecteurs des œuvres de Menu [5].

Mais pourquoi sur le terne épancher notre bile ?

Ce mal au peuple même est, dit-on, fort utile.

Sachons par quels moyens Franchet et Delavau

Changent pour eux la Seine en Pactole nouveau.

Proxénètes jurés des plaisirs du vulgaire,

Au vice sans patente ils déclarent la guerre ;

Et leurs nobles agens guettent aux carrefours

La dîme qu'on impose aux nocturnes amours.

La ferme aléatoire est à l'encan livrée,

Le comte de Chalabre endosse leur livrée [6] :

Grâce à l'or qu'il leur jette, il les a pour soutiens ;

Tels ces hardis forbans qui pillent les chrétiens,

Portent au Grand-Seigneur, protecteur de leurs courses,

Un tribut régulier de présens et de bourses [7].

La nuit règne ; c'est l'heure où le démon du jeu

Marque son domicile écrit en traits de feu.

Si cette ignoble scène a pour toi quelques charmes,

Entrons, fais ton salut à messieurs les gendarmes,

Défenseurs de la loi, souteneurs des traités.

Vois ces *pontes* hagards, par la fièvre agités,

D'un regard immobile épiant l'aruspice,

Serrer en triple rang l'autel du sacrifice ;

Parfois de cris aigus ils troublent ces échos ;

Mais, pareil à ce dieu qui règne sur les flots,

Le pontife d'un geste éteint leur pétulance,

Sa prophétique voix commande le silence :

On se tait, on écoute, et l'arrêt prononcé

Tombe sur le tapis en deux lignes tracé.

De l'avare Mammon reconnais le ministre [8],

Ses cheveux ont blanchi dans cette œuvre sinistre,

Et comme de la Morgue il fut bon pourvoyeur,

Il conquit le renom de sublime *Tailleur*.

Les *refais* du *Trente-un* sont gravés dans ses rides ;

Il a, dans un hiver, *taillé* vingt suicides !

Jamais de tant d'éclat ce temple n'a relui ;

Pour fêter ta présence, on dirait qu'aujourd'hui

***

Il vomit à la fois ses hideux locataires :

Exécrables par choix, parias volontaires,

Convives abrutis de ces banquets impurs,

Leur coupable existence est toute dans ces murs.

Leur nombre t'épouvante, et pourtant, chaque année,

De ce brillant tripot la fleur est moissonnée,

Et l'argousin Query 9 va garnir au Salon 10

Ces longs anneaux de fer qu'il promène à Toulon.

Mais pourquoi prolonger ta course indéfinie

Au milieu de la fange et de l'ignominie?

De mille autres tableaux moi-même épouvanté,

Je m'arrête : aussi bien j'aurais plus tôt compté

Tous ceux que de Broussais la méthode ordinaire

Porte, privés de sang, à l'enclos funéraire,

Et ceux que, dans la rente un changement fatal,

Du palais de la Bourse envoie à l'hôpital.

SIDIENNES.

Fuis, honnête Mahmoud, retourne en Barbarie;

Là, tu ne trouveras ni jeux, ni loterie,

Ni l'avide usurier muni d'un sauf-conduit,

Ni ces hôtels décens qui *logent à la nuit* ¹⁷.

Pars, et si quelque jour à Tunis on publie

L'histoire de nos mœurs par tes soins recueillie,

Garde-toi d'oublier dans le Code français

Ce pieux supplément si cher à Lamennais.

La hache intolérante est inactive encore;

Mais bientôt, au lever d'une sanglante aurore,

Paris contemplera, d'épouvante glacé,

L'autel expiatoire à la Grève dressé.

L'envoyé de Mont-Rouge a commandé la fête;

Des lugubres apprêts sa vue est satisfaite :

Un plus riche salaire est promis au bourreau.

Tandis que sur le banc du hideux tombereau,

Étrangère peut-être au culte qui la tue,

Mais belle, jeune encor, de grâces revêtue,

La victime, étalant ses dernières douleurs,

A la foule chrétienne arrachera des pleurs,

Autour de l'échafaud des démons jésuitiques

En l'honneur de la foi hurleront des cantiques,

Et, dans leurs saints transports, baiseront à genoux

Le bon saint Dominique et l'abbé Frayssinous.

Troisième Sidienne.

—

RÉPONSE

DE SIDI MAHMOUD

TRADUITE DU TUNISIEN.

Nous avons traduit cette réponse du tunisien avec le secours d'un interprète juré, que nous avons été forcé de croire sur parole. Le lecteur sera quelquefois tenté de révoquer en doute l'authenticité de la pièce originale, car il doit rencontrer certains passages dont le fond et la couleur n'ont pas l'air d'appartenir à l'école tunisienne; cela nous met dans l'obligation de convenir qu'en notre qualité de traducteurs, nous avons tronqué et dénaturé certains morceaux, et même fait quelques additions de notre propre autorité. Qu'on nous pardonne ces crimes littéraires en faveur de notre bonne foi.

Réponse

DE SIDI MAHMOUD.

—

Que béni soit Allah ! je les revois encor
Ces pieux minarets où luit le croissant d'or;
Tunis, je te salue, ô terre nourricière !
Secouant de mes pieds la profane poussière,
Aux genoux du mollah, gardien des tombeaux,
J'ai présenté ma tête aux salutaires eaux;

L'ange de Mahomet m'a touché de ses ailes ;

Je respire aussi pur que ces imans fidèles,

Du Koran paternel invincibles soutiens,

Que ne souilla jamais le souffle des chrétiens.

Et pourtant aujourd'hui que le pardon suprême

A sur mon noble front conjuré l'anathême,

J'aime à me rappeler ces lieux où le boudoir

N'attend pas, pour s'ouvrir, le signal du mouchoir.

Oui ! la France me plaît, et si ma destinée

Au Louvre de Tunis n'était pas enchaînée,

Musulman apostat je partirais demain

Pour fonder un sérail au faubourg Saint-Germain.

Vos femmes, j'en conviens, malgré leur foi punique,

L'emportent à mes yeux sur les beautés d'Afrique.

Souvent dans vos jardins qu'embaume l'oranger,

J'attachais leurs regards à mon luxe étranger.

Les suaves contours que leur taille dessine

Repoussaient mollement la blanche mousseline,
Et de leurs traits divins l'ineffable souris
Rappelait à mes sens les célestes houris :
Voilà les seuls objets qu'un vrai fils du Prophète
Pût voir chez les chrétiens d'une ame satisfaite.
Grâce aux soins empressés de vos petits visirs,
J'ai de Paris à Reims promené mes loisirs,
Et j'ai langui partout. L'instinct de ma patrie
Quelquefois m'entraînait vers la ménagerie
Qu'un pouvoir paternel entretient à grands frais;
Là, je goûtais du moins et le calme et le frais,
Et Mahmoud, salué par ses aimables hôtes,
Tressaillait à la voix de ses compatriotes.
Mais les mêmes ennuis assiégeaient mon retour,
Quand, traîné dans un fiacre à douze francs par jour,
J'abordais de Paris le fangeux labyrinthe;
Sur ces hauts monumens qui peuplent son enceinte
Vaguement je portais mes yeux désanchantés :

Fils de pères proscrits et chefs-d'œuvre avortés,

Ils semblent expier une gloire usurpée,

Et partout la soutane hérite de l'épée.

On dirait que Paris, pour ses dévots bourgeois,

A trouvé tout-à-coup ses temples trop étroits :

De la ville d'Hermès le prélat honoraire [1]

Change le Val-de-Grâce en petit séminaire ;

Et vous aurez bientôt, par ses généreux soins,

Une église de plus, un hôpital de moins.

Auprès du Luxembourg un immense édifice

Doit servir de caserne aux fils de Saint-Sulpice.

Le Panthéon français, où la patrie en deuil

Pour ses nobles enfans réservait un cercueil,

Aujourd'hui, tout confus du nom d'une bergère,

N'élève qu'à regret sa coupole légère ;

L'antre de Saint-Médard aux *ergo* des pédans [2]

Rouvre ses corridors muets depuis trente ans,

Et la Gloire, abjurant une fierté mondaine [3],

Abandonne son temple à sainte Madeleine.

Le froc envahit tout... Cependant, les beaux-arts

Languissent dans Paris en vestiges épars;

Le triste Carrousel n'entend plus sur leur frise

Hennir victorieux les chevaux de Venise,

Et cet arc triomphal, par le sénat voté,

Élève dans les airs un front déshérité;

Cet arc qu'eût envié la ville aux sept collines

Réjouit l'étranger de ses jeunes ruines.

Dans un hôtel doré j'ai vu d'Hermopolis,

Successeur de cinq rois, se logeant en surplis [4];

Ignace au Panthéon, une croix sur son dôme,

Et le drapeau des Lis sur la place Vendôme....

Desaix cache sa gloire au fond de la Cité.

Le vieux Louvre, étalant sa triste nudité,

Attend, silencieux, que ses deux galeries

De leurs frontons jumeaux touchent les Tuileries.

C'est ainsi que partout, attristés et surpris,

Les yeux de l'étranger errent sur des débris.

Eh! que n'ai-je pas vu? L'héritier de Fontane

De licteurs à cheval entoure la soutane,

Et galope avec eux vers le pays latin,

Portant à la Sorbonne un foudre ultramontain.

Un seigneur de la cour, chapelain des actrices,

D'apophthegmes dévots parfume les coulisses.

Tel journal qui, paré du grand nom de chrétien,

Vend à ses abonnés un prône quotidien,

Qui, rigide frondeur des mondaines folies,

De cafés en cafés sème ses homélies,

Soudain se débaptise, il prend un autre ton,

De lubriques détails souille son feuilleton;

Et les saints rédacteurs, descendus de leurs chaires,

Dansent au grand foyer avec les bayadères.

De vos châteaux bénis l'architecte royal

Annexe une chapelle à la salle du bal;

Les courtisans dorés, peuplade sybarite,

Vont applaudir Pasta, le front oint d'eau bénite.

Le nonce de Léon, mélomane à son tour,

Se pavane en barrette aux loges de la cour [6],

Et les rois très-chrétiens, fils aînés de l'Église,

Soldent des histrions que le pape exorcise.

Pourtant, je l'avoûrai, cent usages pieux

Rachètent quelquefois ces travers odieux :

Les fils de Loyola, héros du monopole,

Ont exilé Lancastre et conquis son école.

Le jeune époux béni par le curé voisin

Entre au lit nuptial son billet à la main.

Bien plus, si dans Paris la vertu décrépite

Faute d'adorateurs se déclare en faillite,

L'éternel Raynouard prouve dans un bilan

Que la France produit deux Socrates par an [7],

Et sur un maître-autel le bailli de Surène

Couronne la pudeur comme un vrai phénomène.

Ainsi, je m'égayais, hôte malicieux,

Sur vos héros du jour si petits à mes yeux ;

D'autres fois j'élevais ma rêveuse pensée

Vers les muets témoins d'une grandeur passée ;

Et vous, sages drogmans, au milieu de vos murs

Vous daigniez me conduire : oh ! si les temps futurs

De l'Africain Mahmoud content la vieille histoire,

Je vous proclame, ici, les hérauts de ma gloire [8].

Bien d'autres ont fêté le Scythe dans Paris ;

J'ai brillé quelque temps auprès de Canaris [9],

La pierre a de mes traits crayonné l'assemblage ;

Mais sans votre secours, soustrait à l'étalage,

Mon portrait inhumé dans un carton prudent

Au béat Hohenlohe eût servi de pendant.

J'écoutai vos leçons, je vous dois ma science :

Je crois, comme au Prophète, à la Sainte-Alliance ;

Dans le congrès prochain, quand je serais admis,

Metternich m'inscrirait au rang de ses amis.

Je sais par quels moyens, avec la Charte même,

Je pourrais du Koran adopter le système,

D'une loi ballottée assurer le destin,

Et blanchir à grands frais les boules du scrutin.

De secrets plus profonds avide de m'instruire,

Au palais Rivoli je voulus m'introduire,

Et connaître de près ce visir tout-puissant

Qui depuis enfanta l'avorton Trois-pour-cent.

Villèle sait, dit-on, par un double avantage,

Fondre la politique avec l'agiotage;

Des chrétiens méfians a-t-il perdu l'appui,

Il appelle un Rabbin, judaïse avec lui,

Dans sa caisse opulente il puise son génie,

Unit par un saint nœud la France et Béthanie,

Et trame avec tant d'art ses complots financiers,

Que l'État, bien que pauvre, a de riches caissiers.

Effrayé d'un séjour où Barême gouverne,

Je fuis; du vieux Paris j'aborde la caverne [10] :

Là, Franchet sur un trône est assis en sultan,

Et le lit de justice est tenu par Tristan [11].

C'était l'heure du jour où la foule en silence

Du soucieux monarque attendait l'audience :

Dans une vaste cour rodaient à pas pesans

Vingt soudards bien nourris, aux mousquetons luisans,

Satellites bottés, que leur maître déchaîne

Contre tout citoyen coupable de sa haine :

Tels ces dogues hardis, pour l'attaque dressés,

Portent de lourds colliers de pointes hérissés.

Cent autres du manoir sollicitaient l'entrée,

Soldats sans uniforme et valets sans livrée,

Étouffant des pétards, arrêtant des piqueurs,

Et des complots qu'ils font intrépides vainqueurs.

L'État sauvé par eux leur doit des récompenses,

Pour eux on inventa les secrètes dépenses;

On voulut qu'avec soin la sévère équité
A chacun répartît un profit mérité;
Suivant leur infamie on taxa leur salaire,
Et pour comble de biens l'édile populaire
Par qui tombe la manne aux suppôts de ce lieu,
Des sequins qu'il jeta ne rend compte qu'à Dieu.

O vous qui gouvernez la France et la Navarre,
Vous à qui sont commis les sceaux ou la tiare,
Vous qui ceignez l'épée, ou portez le trident,
Toi, surtout, du Conseil éternel président,
Vivez, heureux visirs; que vos mains souveraines
D'un État débonnaire exploitent les domaines;
Bâtissez des palais avec ses revenus,
Soyez de vingt châteaux acquéreurs inconnus,
Et pour consolider vos hautes destinées,
Que votre or soit transfuge au pays des guinées.
Prônés par des valets, complaisans orateurs,

Dédaignez des salons les cris accusateurs;

Laissez de votre règne ébruiter les annales

Par ces hardis journaux, trompettes matinales,

Éloquens ennemis dont on ne put encor

Acheter le silence au prix d'un bâillon d'or.

Aux vulgaires plaisirs que Vos Grandeurs se livrent

Après ces longs festins où vos amis s'enivrent,

Dormez d'un doux sommeil sur l'oiseux édredon :

Le Dey que vous servez est sobre du cordon;

La bonté tolérante est sur le trône assise,

Et jamais de vos jours on ne vit un Cambise,

Portant dans son palais un salutaire deuil,

De la peau d'un ministre étoffer un fauteuil [12].

Tolérans, à leur tour, ces puissans feudataires

A des forbans obscurs livrent leurs ministères;

Villèle s'attendrit sur les malheurs d'Ouvrard;

La rapine publique est érigée en art;

Et tel homme de bien dont l'ame intimidée

D'un simple vol privé repousserait l'idée,

Tel qu'on voit applaudir à la brûlante main

Qui flétrit un délit conseillé par la faim,

Au rang des publicains que le hasard l'installe,

Tout-à-coup l'honnête homme abjure sa morale,

Et par l'usage absous, par l'exemple excité,

Envie à Mathéo sa riche impunité [13].

Partout le vol heureux avec effronterie

Fait rougir devant lui la probité flétrie.

Voyez-vous ce commis, automate savant,

Qui vit la plume en main et meurt en écrivant,

Il sert un chef ingrat et ne reçoit qu'à peine

Un salaire indigent de quinzaine en quinzaine,

Cependant que son maître inutile à l'État,

Érigé tout-à-coup en petit potentat,

Savoure dans Paris sa grasse sinécure;

Des barons d'outre-Rhin il singe l'encolure,

Et d'un riche landau superbe possesseur,

D'un panache insolent il coiffe son chasseur.

Trop heureux si du moins la misère et le faste

Affligeaient seulement de leur honteux contraste

Les salons à la mode et les cercles mondains ;

Mais jusqu'au sanctuaire, au pied des marbres saints,

Même en face de Dieu, l'or, le rubis, l'opale,

Couvrent de vos imans l'étoffe épiscopale ;

Et l'indigent curé, protecteur des hameaux,

Traîne au lit des mourans sa soutane en lambeaux.

Qu'ai-je dit? excusez ma sacrilége plainte ;

Je le sens, comme Osa je touche à l'Arche sainte,

Et j'achève en tremblant ces tableaux délateurs

Où le vice ressort en traits accusateurs.

Peindrai-je ce palais aux longues galeries [14]

Où m'entraînaient parfois de vagues rêveries?

Là vivent tristement, confondus en troupeaux,

Des hôtes affamés parqués dans un enclos ;

Sous l'abri de l'arcade ou sur la pierre oisive,

En attendant la nuit, ils dorment : elle arrive!

Voilà que des tripots le génie infernal

Allume en quatre endroits son rougeâtre fanal;

De lubriques acteurs la scène est inondée :

Hideuse d'ornemens, la matrone fardée

A la vente publique expose ses houris,

La débauche nocturne est cotée à tout prix;

Et, sous la colonnade où circulent les vices,

Le déhonté Millan colporte ses services.

Voilà les gens de bien qui damnent nos turbans!

Vous flétrissez nos mœurs, vous parlez de forbans;

Eh! de grâce, sur vous portez un œil critique;

Admirez ce marchand, corsaire de boutique,

Qui, des fers d'un comptoir pressé de s'affranchir,

Prémédite un bilan qui le doit enrichir.

Des frayeurs du carcan qu'un autre s'importune;

Lui, le Code à la main, il marche à la fortune,

Tandis qu'au tribunal ses créanciers troublés,

De protêts sans valeur héritiers désolés,

Hâtent au poids de l'or une sentence vaine;

Aux panneaux de Legrip il échappe sans peine [15],

Et reçu dans les bras du Belge hospitalier,

De Sainte-Pélagie il nargue le geôlier.

Du moins la bonne foi proscrite de la ville,

Au temple de la Bourse a peut-être un asile.

Entrons en saluant d'un sourire ingénu

Le concierge à cheval qui porte un sabre nu.

Contemplons, à l'écart, cette foule empressée,

Qu'à flots tumultueux poussée et repoussée,

Le caducée en main, jettent sous ce hangar,

Le courtier légitime et le marron bâtard.

Comme au hasard aveugle ils doivent leurs victoires,

Le hasard brise aussi ces héros transitoires;

A chaque instant du jour, leur bonheur passager

Dépend du télégraphe ou d'un bruit mensonger.

Tristes gladiateurs que la rente incertaine

Pousse les yeux bandés dans une vaste arène,

Ils courent vaguement, ignorans de leur sort,

Ennemis inconnus s'entredonnent la mort;

Et, sous un faux sang-froid déguisant leurs souffrances,

Meurent en saluant le César des finances [16].

Epilogue.

Ainsi, vers l'Occident quelque temps retenu,

Numide aventureux, voyageur inconnu,

Je visitai Paris, pour redire à Carthage

Le merveilleux récit de mon pélerinage.

Je croyais, député d'un monarque puissant,

A la hauteur des Lis élever le Croissant,

Et tourner au profit de la rive africaine

Les trésors amassés dans ma course lointaine.

Vain espoir! j'ai trop vu la triste vérité,

J'ai trop connu vos mœurs, trop souvent médité

Ce code où vos imans, législateurs en vogue,

A la place des lois gravent leur décalogue :

J'ai trop bien reconnu l'intrigue en manteau noir

Escaladant sans bruit les marches du pouvoir;

Et je vous dis : Gardez vos lois et vos usages,

Comme les plus heureux, croyez-vous les plus sages ;

Mais ne vous flattez pas qu'un perfide conseil,

Des sujets de mon Dey troublant le long sommeil,

Appelle en nos cités, heureuses d'ignorance,

La sainte politique et les lois de la France.

J'aime mieux mille fois un farouche tyran

Qui, foulant à ses pieds la Bible et le Koran,

Condamne, sans détour, au fil du cimeterre

Des sujets résignés dont il n'est pas le père ;

SIDIENNES.

J'aime mieux ces imans qui sur nos minarets

Annoncent la prière et s'endorment après,

Que ces hautains visirs, sans vertus, sans génie,

Qui, la Charte à la main, forgent la tyrannie,

Et ces prélats haineux qui, dans leurs saints palais,

Votent des lois de sang au nom d'un Dieu de paix.

NOTES
DE
La Première Sidienne.

---

1 Mont-Rouge te dira par quel moyen commode.

Mont-Rouge est le chef-lieu des Jésuites qui sont rentrés en France depuis le jour qu'on prit la peine de les en expulser. Ces bons pères possèdent le secret d'abrutir les hommes et d'assassiner les rois. Alexandre Ier, autocrate des Russies, chef suprême de la Sainte-Alliance, fit chasser de ses États, en 1820, cette race qu'il détestait. Un père de la Société prépare en ce moment une brochure, où il prouve que la dernière inondation de Saint-Pétersbourg est une punition du ciel, et qu'Alexandre Ier, ayant commis la même faute que Louis XV, devait tôt ou tard se repentir de son ukase d'expulsion.

M. de Maistre et consorts avaient déjà prouvé évidemment que l'infortuné Louis XVI avait péri sur l'échafaud en punition du crime de son prédécesseur.

2   Et son lit entouré des spectres de Clamar.

Le cimetière de Clamar est destiné aux suppliciés.

3   Nargue ton Mahomet sous un paratonnerre.

L'hôtel de M. de Villèle est assuré contre le feu du ciel par une compagnie de paratonnerres. On ne saurait prendre trop de précautions : un malheur est bientôt arrivé ; et si le Phénix de la Garonne était frappé par la foudre, il ne renaîtrait pas de ses cendres.

4   Ils osent de leur Dieu parodier le foudre.

Le Constitutionnel et *le Courrier français* rapportent, dans un de leurs derniers numéros, que, dans une petite ville de province, les missionnaires ont fait tirer des boîtes un soir dans l'église pour imiter le jugement dernier. Ces messieurs sont très-habiles dans les arts d'imitation. On a vu en outre, dans quelques villes du Midi, le chef de la Mission haranguer les fidèles dans les cimetières.

5   L'aumône des chrétiens chez le banquier des rois.

Les missionnaires retirent un énorme bénéfice de la vente de leurs poëmes, croix, examens, scapulaires, portraits, etc. On assure qu'ils placent à l'intérêt légal les sommes récoltées, chez M. Rotschild, dont la caisse proclame la liberté générale des opinions et des cultes.

6   Et trouvent le Pactole au fond des bénitiers.

Dès que les missionnaires entrent dans une église, ils condamnent le curé au rôle de spectateur bénévole. Ainsi le véritable pasteur de l'Évangile est forcé d'attendre, pour continuer ses saintes instructions, que l'orage missionnaristique soit passé.

7   Du poëte Guyon entonnent les cantiques.

M. Guyon a commandé long-temps l'armée méridionale des missionnaires; c'était le Tyrtée de l'expédition. On a de lui un joli Recueil d'hymnes sur l'air de *la Marseillaise*, du *Chant du Départ*, et des romances de quelques opéra-comiques. M. Guyon est actuellement chanoine, et a renoncé à la poésie et aux conversions.

8   Improvise un sérail dans ton hôtel garni.

Sidi-Mahmoud occupait avec sa suite un hôtel modeste, rue de Grenelle, faubourg Saint-Germain. Son Excellence fumait sa pipe tous les soirs à son balcon, et de jeunes icoglans charmaient sa digestion en chantant des romances africaines qui faisaient les délices des dames du noble faubourg.

NOTES

DE

La Deuxième Sidienne.

—

1   Tu choisis pour patron Louis-le-Débonnaire.

Si la bonté de ce monarque était extrême, il faut convenir aussi que la familiarité de son peuple était poussée jusqu'à l'excès. Les bons bourgeois de Paris ne se dérangeaient guère et ne craignaient pas de coudoyer ce bon prince lorsqu'il marchait seul et à pied dans les rues de cette ville; il était même toujours suivi d'une foule de bambins qui se plaisaient à le taquiner. L'on assure que les coupeurs de bourses, appelés alors les *enfans de la mate*, osaient attaquer jusqu'à sa personne, et venaient effrontément lui couper les basques de son habit : ce qui amusait infiniment ce prince *débonnaire*.

Mahmoud a donné un exemple d'une pareille popularité; sa marche était toujours entravée par une foule de curieux, descendans sans doute de ces bonnes gens du dernier siècle qui s'étonnaient qu'on pût être Persan.

2 L'or que Boursaut-Malherbe extrait des immondices.

Boursaut-Malherbe, entrepreneur des boues de Paris. Il avait, pendant quelque temps, joint à ce premier titre celui de fermier des jeux publics de cette ville; mais trop d'honneurs pesaient sur une seule tête. Accablé sous cette double couronne, il céda au sieur de Chalabre la plus sale de ces exploitations, c'est-à-dire la ferme des jeux.

3 Que Baron à son gré gouverne ce domaine.

Directeur du Mont-de-Piété. La capitale de cet empire est située rue des Blancs-Manteaux, au Marais; sa succursale au faubourg Saint-Germain. Ses nombreux départemens sont répandus sur toute la surface de Paris, depuis les quartiers les plus opulens jusqu'aux rues boueuses du pays latin, siége des deux Facultés de Droit et de Médecine : grande ressource pour MM. les étudians.

4 Un vieillard en haillons vous donne la fortune.

Voyez, sur ce vieillard, les débats de l'affaire Roumage.

5 Des crédules lecteurs des OEuvres de Menu.

Menu de Saint-Mesmin, auteur très-estimé d'une cinquantaine d'ouvrages cabalistiques et hiéroglyphiques sur la loterie.

C'est un alchimiste en papier; nous regrettons de ne pouvoir fournir à nos lecteurs ce précieux et volumineux catalogue.

6   Le comte de Chalabre endosse leur livrée.

Le comte de Chalabre est assez connu; il jouit d'une réputation européenne : il est donc inutile de dire qu'il est l'entrepreneur actuel de la ferme des jeux de Paris.

7   Un tribut régulier de présens et de bourses.

Une bourse, dans le Levant, équivaut à environ 1,500 fr. de notre monnaie; ainsi la ville de Paris retire de son privilége à peu près cinq cents bourses par mois. Malheur à ceux qui se chargent de les remplir!

8   De l'avare Mammon reconnais le ministre.

Mammon, c'est le démon qui aux enfers a le département du jeu.

9   Et l'argousin Query.

Query ou Théry : c'est le nom de l'officier chargé de conduire les chaînes des galériens; il remplit ces fonctions depuis plus de trente ans.

10   .... Va garnir au Salon.

Il est visible que nous ne voulons pas attaquer ici ce qu'on nomme proprement *le Salon :* nous désignons par ce mot tous les lieux consacrés au jeu.

11   Ni ces hôtels décens qui logent à la nuit.

Il n'est pas un observateur à Paris qui n'ait remarqué ces écriteaux transparens portant ces mots : *Ici on loge à la nuit.* Les Romains avaient leurs *lupanaria*, mais du moins ils n'y mettaient pas d'enseigne.

Trop de commentaires sur ce sujet élèveraient trop de scandale.

NOTES

DE

La Troisième Sidienne.

—

1   De la ville d'Hermès le prélat honoraire.

M. de Frayssinous, évêque d'Hermopolis, ville ruinée de la Haute-Égypte. Les ouailles diocésaines de M. de Frayssinous sont des Bédouins mahométans qui dorment sous le portique désert d'Achmouneïn et pillent les caravanes; ils égorgèrent vers la fin du dernier siècle le vénérable abbé Sicard, pendant qu'il relevait le plan topographique du diocèse de M. de Frayssinous.

2   L'antre de Saint-Médard aux ergo des pédans.

Cet antre est la Sorbonne où l'on enseigne, depuis M. de Frayssinous, les hautes études théologiques.

3   Et la Gloire, abjurant une fierté mondaine.

L'église Sainte-Madeleine, bâtie en face de la rue Royale, sur le boulevard, devait être par sa première destination le Temple de la Gloire.

4   Successeur de cinq rois, se logeant en surplis.

Les rois de la famille de Napoléon ont successivement logé dans l'hôtel de la rue des Saints-Pères.

5   Eh! que n'ai-je pas vu? L'héritier de Fontane.

« On a remarqué qu'hier à la sortie de la distribution géné-
» rale des prix, la voiture du ministre des affaires ecclésias-
» tiques était escortée par un piquet de gendarmerie qui avait
» le sabre à la main : ce n'était pas là, dans l'ancien régime,
» le cortége des Rollin et des Lebeau. »

Constitutionnel du 18 août 1825.

6   Se pavane en barrette aux loges de la cour.

Tous les journaux ont annoncé, il y a un mois environ, que le nonce du pape avait honoré de sa présence une représentation de *la Neige,* sur le théâtre de la cour.

7   Que la France produit deux Socrates par an.

C'est sans doute une allusion aux prix de vertu.

8   Je vous proclame ici les hérauts de ma gloire.

Sidi Mahmoud ignore sans doute le succès qu'ont obtenu les *Lettres de Sidi Mahmoud*, publiées par un homme de beaucoup d'esprit.

9   J'ai brillé quelque temps auprès de Canaris.

M. Martinet, ou son successeur, montre à ses abonnés de la rue du Coq les portraits de Sidi à côté de celui du brave Canaris. S'il y avait de l'intention dans ces rapprochemens d'étalagistes, M. de Villèle ne permettrait pas que sa physionomie fût placée auprès du général Foy.

10   Je fuis; du vieux Paris j'aborde la caverne.

L'hôtel de la préfecture de police.

11   Et le lit de justice est tenu par Tristan.

Nous ignorons si Mahmoud fait ici allusion au grand-prévôt de Louis XI ou à Tristan-le-Voyageur. Peut-être a-t-il voulu désigner par ce sinistre nom le vice-préfet de police.

12   De la peau d'un ministre étoffer un fauteuil.

Tout le monde connaît le trait auquel Mahmoud fait ici allusion : on sait que Cambise fit écorcher vif un de ses ministres, et que sa peau servit à recouvrir un fauteuil.

13   Envie à Mathéo sa riche impunité.

Mathéo était le caissier général du Trésor; il s'est enfui chez l'étranger, emportant une somme énorme volée à la caisse publique.

14   Peindrai-je ce palais aux longues galeries.

Le Palais-Royal.

15   Aux panneaux de Legrip il échappe sans peine.

Legrip, garde du commerce et pourvoyeur quotidien de Sainte-Pélagie.

16   Meurent en saluant le César des finances.

Lorsque six mille gladiateurs s'égorgèrent sur le lac Fuciu en présence de César, ils prononcèrent ces paroles avant de mourir : *Ave, Cæsar imperator, morituri te salutant!* — César, ceux qui vont mourir te saluent!

ÉPITRE

A

M. LE COMTE DE VILLÈLE.

28 AOUT 1825.

> .... Et nos
> Consilium dedimus Syllæ, privatus ut altum
> Dormiret....
> JUVÉNAL.

NOTICE

SUR M. DE VILLÈLE.

—

M. de Villèle est né à Toulouse en 1773. Son génie financier, qui se manifesta de bonne heure, l'arracha jeune encore au toit paternel, et le transplanta sur un rocher de l'Océan indien où un M. Panon possédait quelques arpens, trois bassins et une fille. M. de Villèle lança M. Panon dans la noblesse, en le saluant du nom de Desbassins, se fit nommer régisseur des biens de M. Desbassins, épousa sa fille, selon la coutume, et retourna en France avec un chargement de sucre et de café, qu'il vendit fort bien, sans déroger à sa noblesse.

Tant que Napoléon régna, M. de Villèle ensevelit

son existence dans le département de la Haute-Garonne ; 1814 lui révéla tous les trésors de son ambition : il publia une brochure fort mal écrite que personne ne lut, parla dans les cercles avec toute la chaleur d'un royaliste, se fit des amis dans sa ville natale, et fut élevé après les Cent Jours à la dignité de maire de Toulouse. De la mairie il s'élança à la Chambre des députés. Placé à la première banquette du côté droit, il déclara aux ministres une guerre d'extermination ; il tonna contre la police, contre la censure, contre les manœuvres électorales, contre les lois d'exception, contre les budgets, enfin contre tout ce qu'il a défendu depuis. Ces éternelles déclamations rendirent de si grands services à son parti, qu'il fut poussé par lui au ministère en 1821 ; cinq ans se sont écoulés depuis, et M. de Villèle s'y maintient encore : tout ce qui aurait renversé la fortune d'un autre ministre, n'a servi qu'à consolider la sienne. En 1822, il s'opposa, par un instinct naturel de raison, à la guerre d'Espagne : cette guerre eut lieu malgré M. de Villèle, et M. de Villèle ne tomba pas. Plus tard il créa un système de finances contre lequel toute la France se récria ; le système fut universellement reconnu mauvais ; mais M. de Villèle ne tomba pas. Il imposa la censure aux journaux dans une circonstance qu'il appelait grave ; la censure fut abolie, et M. de Villèle resta debout. A travers ces grands écarts de politique, il a parsemé une foule de fautes plus ou moins graves, qui n'ont servi qu'à consolider davantage son pouvoir. Sourd aux innombrables clameurs de ses ennemis, il s'est bâti un palais immense, qu'il regarde comme sa propriété viagère, et qu'il a meublé avec toute la profusion d'un Lucullus; c'est dans ce palais que tout respire la joie et l'abondance, tandis qu'au dehors le commerce languit et l'industrie s'éteint.

M. de Villèle est un être de cinq pieds deux pouces environ, attaché à une longue épée, botté à l'anglaise, étranglé par le cou d'un frac brodé en or; le cordon bleu brochant sur le tout. Son teint est d'un brun foncé, comme celui de tous les créoles ; sa tête est sillonnée de quelques cheveux plats, que les discours de M. Casimir Périer ont fait grisonner pendant la dernière session. Il entre à la Chambre à une heure et quart; deux gros huissiers lui font la plaisanterie d'ouvrir la porte à deux battans, et le ministre *levis exilit*, comme le rat d'Horace. Assis sur son banc, il ouvre son portefeuille rouge, en tire cinquante feuilles volantes, les parcourt avec une précipitation affectée, les replace dans le portefeuille, prend sa boîte d'or, prise lestement, déploie un vaste mouchoir rouge en madras, se mouche, et éternue trois fois. MM. de Sesmaisons, de Frénilly, de Roger profitent de l'occasion, et donnent un triple salut au ministre qui éternue. A la faveur de cet incident, la conversation s'engage; les députés voisins entourent le banc de M. de Villèle; M. des Issarts fait des calembourgs, M. de Saint-Chamans des plaisanteries fines, M. de Frénilly des sarcasmes amers; M. de Sesmaisons rit de toute la force de ses vastes poumons, et M. de Villèle accueille ces témoignages de dévouement en tirant une mèche de ses cheveux, ou en frappant la paume de sa main gauche avec un couteau d'ivoire blanc. Cette scène touchante se prolonge jusqu'au moment où M. Ravez, déployant sa voix éclatante et bordelaise, annonce que la séance est ouverte.

M. de Villèle écoute les discours de l'Opposition avec un air d'insouciance qui pourrait passer pour naturel; quand M. Périer se dispose à le tirer à brûle-pourpoint, il se met au blanc avec une grâce qui ferait honneur à un duelliste de profession; son attitude est calme, son œil fixe, sa poitrine en relief. Si M. Ravez entonne son air favori: *M. le ministre des finances a la parole*, le ministre se lève vivement, court, comme la Camille de Virgile, sans laisser l'empreinte de ses bottes sur le tapis d'Aubusson, et montre en un clin-d'œil sa tête à fleur de tribune; il parle, et à son accent nasal, à ses mouvemens de tête et d'avant-bras, on croirait voir ce héros napolitain dont Mazurier a fait un vampire. Le discours terminé, M. de Villèle boit un verre d'eau sucrée, descend de la tribune, et retourne lentement à sa place, en jetant un regard de satisfaction sur la sauvage abondance des banquettes ministérielles.

Épître

A M. LE COMTE DE VILLÈLE.

—

Minuit sonne au château ; ton vaste ministère

Comme en un jour de baisse est triste et solitaire ;

Chassés par le sommeil, tes mille courtisans

Ébranlent le pavé sous leurs landaus pesans,

Et, libres jusqu'au jour du soin qui les enchaîne,

Regagnent au galop leurs hôtels d'outre-Seine.

Tout a fui. Tes valets, bâillant sur ton balcon,

S'adressent des *bonsoir* en langage gascon.

J'évite l'estafier qui, d'une arme offensive,

Assomme les bourgeois en leur criant : Qui vive [1] !

Je charme ton Cerbère et d'un pas familier,

Comme l'ami Franchet, je monte l'escalier

Que parent des tissus plus moelleux que l'hermine,

Et qu'un globe d'émail de ses feux illumine.

Nous sommes seuls, écoute : un poëte parfois

Peut donner des conseils aux conseillers des rois.

— Tes destins sont remplis ; descends, descends du trône

Sur lequel te plaça le Dieu de la Garonne.

Sans doute, il serait doux, à l'abri d'un grand nom,

Comme Melchisédech, ministre *in æternum* [2],

D'endosser la simarre et d'attendre à son aise

A l'hôtel Rivoli les cyprès de Lachaise ;

Mais de tristes leçons doivent t'avoir appris

A M. DE VILLÈLE.

Qu'un ministre jamais ne vieillit à Paris.

As-tu donc oublié que tes pieds téméraires

Ont marché sur le corps à soixante confrères?

Ces favoris d'un jour, ces élus du sénat,

Se sont évanouis dans le conseil-d'État.

Crois-tu que la fortune, à ta voix attendrie,

T'ait choisi tout exprès pour clore la série,

Et que, dans ton hôtel, jamais un successeur

Ne sera de ton lit le second possesseur?

Hélas! tes pièces d'or en ton coffre amorties,

Tes trente millions de rentes converties,

Tes serviles journaux, tes somptueux repas,

Du destin de Fouquet ne te sauveront pas.

Tu n'es pas né dévot, Mont-Rouge te menace,

Les jésuites bientôt vont demander ta place,

Et l'abbé de Latil, sa barrette à la main,

De ton haut ministère aborde le chemin.

Villèle, épargne-toi le déplaisir extrême

ÉPITRE

D'être chassé par eux, en t'expulsant toi-même.

Ah ! qui n'applaudirait à ton noble dessein,
Si tournant ton pouvoir contre ton propre sein,
Si de son piédestal renversant ta statue,
Du palais Rivoli tu tombais dans la rue,
En montrant au public, modeste citoyen,
Le ministre oublié, sous le frac plébéien !
Quel concert de bravos ! Au sortir des vacances,
Ravez te nommerait le Sylla des finances,
Et, dans l'hôtel Conti, Marcassus Puymaurin
Te coulerait en bronze au revers d'un quatrain.

Que peux-tu regretter ? Rien ne manque à ta gloire :
Ton front reluit encor de la double victoire
Qui soumit à tes pieds ces terribles rivaux,
Si vains dans leurs discours, si fiers de leurs travaux ;
Ils sont tombés tous deux : le poëte sublime

A M. DE VILLÈLE.

Qui jadis soupira l'hymne saint de Solime,

Qui, dans sa vie errante, attacha son grand nom

Au cirque de Titus, aux murs du Parthénon,

Par un simple billet s'est vu, le téméraire,

Chasser de son hôtel comme un surnuméraire [3].

Ainsi Labourdonnaye à tes pas attaché,

Dans un fougueux journal ennemi retranché,

Héros de *l'Aristarque*, aigle de la tribune,

Empoisonnait tes jours d'une plainte importune.

Le temps a fait un pas, et, prodige inouï!

Orateur et journal, tout s'est évanoui.

Que tu fus grand surtout quand l'Espagne occupée

Accusait hautement ta sagesse trompée!

Tu sais que ton crédit fut réduit à zéro

La nuit qu'un régiment prit le Trocadéro.

Déjà Labourdonnaye, orateur et prophète,

A tout son côté droit annonçant ta défaite,

ÉPITRE

Inscrivait ton ci-gît sur l'île de Léon ;

Alors, seul contre tous, plus grand que Scipion,

Par la Chambre accusé, tu saisis l'oriflamme,

Et la croix sur le sein volant à Notre-Dame,

Tu mêlas ta voix pure aux voix des courtisans

Qui chantent *Te Deum* depuis trente-six ans.

Mais pourquoi te bercer de ces vaines paroles !

Ton esprit est blasé sur les plaisirs frivoles

Que donne un fol orgueil au vulgaire hébété ;

La pompe de ton rang ne t'a jamais flatté.

L'amour de ton pays, type d'une ame honnête,

Seul te fit résister au choc de la tempête :

Que n'aurais-tu pas fait pour conserver au Roi,

En chassant tes rivaux, un homme tel que toi ?

Aussi t'avons-nous vu, maîtrisant les obstacles,

Rendre au siècle présent le siècle des miracles ;

Car tu viens de placer le trône sous l'autel,

A M. DE VILLÈLE.

La France dans Paris, Paris dans ton hôtel.

Quel éloge en deux vers! Et la France incrédule

Par une erreur étrange en sifflets le module;

Et ceux qui de bravos t'ont jadis accablé,

Quand l'ordre aérien, par Chappe signalé,

Faisait tomber du ciel, comme par sortilége,

L'émigré candidat dans l'urne du collége;

Ceux qui naguère encor, d'une commune voix,

T'ont proclamé leur chef dans le temple des lois;

Tous, contre toi ligués, par un saint fanatisme,

La coquille à la main, demandent l'ostracisme,

Du même ton qu'aux jours où, las de ruminer,

Ils criaient : *La clôture!* à l'heure du dîner.

Pour punir tant d'ingrats, point de conseil timide;

Villèle, fais-toi Grec; tranche de l'Aristide,

Et dans le *Moniteur* qu'on savoure demain

Ta sentence d'exil écrite de ta main.

Jamais, depuis quatre ans, pour un tel sacrifice

Le moment à ton choix ne s'offrit plus propice ;

Laisse à ton successeur le comique embarras

De débrouiller, au clos des Filles-Saint-Thomas [4],

Avec tous les Necker de la *Quotidienne*,

Le nœud, sans bout, lié par ta main gordienne.

De ton destin futur pourquoi t'inquiéter?

Partout tu trouveras de l'or à tourmenter,

Des commis à punir, des recettes à faire,

Tous les plaisirs enfin qu'un publicain révère.

Vois Rothschild; qu'il est grand dans son hôtel d'Artois!

C'est le roi des banquiers et le banquier des rois :

Pour écrire à l'Europe il a des estafettes ;

Il invite, en hiver, tout Paris à ses fêtes ;

Jupiter de la Bourse, un signe de ses yeux

Rend Laffitte craintif et Périer soucieux ;

Et des agioteurs la troupe subalterne

L'adore à deux genoux au Parthénon moderne [5].

Sois un autre Rothschild; ton fortuné destin

A M. DE VILLELE.

Te réserve un hôtel dans le quartier d'Antin.

En vain mille plaisirs qu'adore le vulgaire

T'offriront, à Paris, leur douceur passagère;

Tu les dédaignes tous; car ton cœur innocent

N'a jamais palpité que pour le trois pour cent.

Que t'importe après tout, quand tu cotes la rente,

Que l'Institut renaisse à la voix des Quarante;

Que notre Béranger, barde de nos exploits,

Dicte des chants au peuple et des leçons aux rois;

Qu'aux cirques de Paris la nouvelle harmonie

Emprunte des accords aux lyres d'Ausonie;

Que les enfans d'Hellé, dominateurs des flots,

Rajeunissent les noms de Sparte et de Délos;

Que le tigre Ibrahim, dans ses hideuses fêtes,

Pour la table des rois sale cinq mille têtes [6]?

Tout est muet pour toi, gloire, plaisirs, beauté;

Hormis le trois pour cent, tout n'est que vanité.

Ta caisse au népotisme est nuit et jour ouverte;

Ta table est somptueuse, oui, mais elle est offerte

Comme une table d'hôte à ton clergé mondain;

Toi, tu jettes sur elle un regard de dédain;

Ton lit est un bureau, ton année un carême,

Ton temple c'est la Bourse, et ton Dieu c'est Barême.

La seule passion qui ronge ton cerveau

Au besoin t'offre encore un théâtre nouveau :

Dans cette île Bourbon, aux rives fortunées

Où tu vécus valet pendant quatorze années,

Sur ces comptoirs lointains le peuple commerçant

Est toujours prosterné devant le cinq pour cent,

Depuis le jour heureux qui vit l'arithmétique

Sur le brick de Vasco descendre l'Atlantique.

Voilà le doux pays cher à tes souvenirs,

Où tu dois emporter ton or et tes désirs.

Abandonne Paris; l'injuste capitale

Au ministre tombé pourrait être fatale.

A mon premier conseil je renonce, et je crois

A M. DE VILLÈLE.

Qu'il faut fuir prudemment des rentiers aux abois.

Oui, la sainte cité qu'un ciel d'azur couronne,
Où Soult battit l'Anglais, où coule la Garonne,
Ne te reverra plus, modeste magistrat,
Punir les chiens errans et signer un contrat [7];
Adresse tes adieux à tes vastes domaines,
Pleins de vieux souvenirs, de ruines romaines,
Aux gothiques castels flanqués de quatre tours,
A tes bois, tes vallons aux suaves contours.
Quitte un ingrat pays et regagne ton île :
C'est là que, jeune encor, ton esprit mercantile,
Parmi les indigos, les poivres, les safrans,
S'exerçait à changer les centimes en francs.
Ainsi Napoléon, aux jours de son enfance,
Dans son Ajaccio, berceau de sa puissance,
Conduisant au combat des écoliers mutins,
Préludait par des jeux à ses nobles destins.

ÉPITRE

Les tiens sont accomplis. Aux bords qui l'ont vu naître

Le maître de tes noirs redemande son maître :

Il dit qu'en ton absence, oubliant tes leçons,

Le créole insurgé va danser aux chansons;

Et qu'un air libéral a gagné les savanes,

Et les bagnes plaintifs, et les humbles cabanes,

Du jour où tu quittas sur les rivages francs,

Le commerce des noirs pour la traite des blancs.

Parais : ces insolens baiseront la poussière.

Là, bornant sans retour ta course aventurière,

Escorté de licteurs, comme un consul romain,

La menace à la bouche et le fouet à la main,

Entouré de valets, amoureux de leurs chaînes,

D'esclaves noirs et blancs, de ventrus indigènes,

Tu diras : « J'ai revu mes Français favoris;

» Non, je n'ai pas quitté mon trône de Paris. »

A M. DE VILLÈLE.

Épilogue.

J'ai parlé dans l'hôtel, temple de la finance,

Du divin trois pour cent avec irrévérence,

Et quelque peu médit des moines sans rabats,

De ces dieux si clémens qui ne pardonnent pas.

Je suis franc, je connais ton humeur équitable,

Avec toi j'ai joué les cartes sur la table;

Mais ne va pas demain punir à ton réveil,

Par un exploit timbré, mon imprudent conseil.

Ah! puisse Ta Grandeur protéger un poëte

Qui méconnaît des cours la sublime étiquette,

Et craint de recevoir de ton facteur Franchet

Ta réponse à ses vers en lettre de cachet!

Adieu, je vais chercher une proie à ma haine;

Les boucs de Loyola m'attendent dans l'arène :

ÉPITRE.

J'y cours; je veux, armé du fouet de Juvénal,

Arracher ces Cacus à leur antre infernal;

Je veux, les dépouillant du manteau catholique,

Les montrer tout hideux sur la place publique,

Et d'un bras engourdi ranimant la vigueur,

Stigmatiser leurs fronts d'un ïambe vengeur [8].

NOTES.

---

1   Assomme les bourgeois en leur criant : Qui vive !

Les journaux du temps avaient accueilli les réclamations de quelques citoyens qui avaient été maltraités par la sentinelle du palais des finances.

2   Comme Melchisédech ministre in æternum.

Voyez le psaume 120, au verset *Sacerdos in æternum secundum ordinem Melchisedech*.

3   Chasser de son hôtel comme un surnuméraire.

On se souvient que M. de Châteaubriand fut renvoyé du ministère *comme un garçon de bureau.*

NOTES.

4 De débrouiller au clos des Filles-Saint-Thomas.

La Bourse était alors établie au clos des Filles-Saint-Thomas.

5 L'adore à deux genoux au Parthénon moderne.

La Bourse de Paris est bâtie sur le modèle du Parthénon.

6 Pour la table des rois sale cinq mille têtes.

On sait, et les journaux en ont fait mention, que le féroce Ibrahim fit saler cinq mille têtes de chrétiens, pendant que les cabinets délibéraient sur les affaires de la Grèce.

7 ... Et signer un contrat.

M. le Ministre des finances a été maire de Toulouse, ville qu'on a surnommée la *Sainte*.

8 Stigmatiser leurs fronts d'un iambe vengeur.

Ces vers annonçaient l'Épître à M. le président Séguier sur les Jésuites. A cette époque, les fils de Loyola n'avaient pas été reconnus publiquement et défendus à la tribune.

LES JÉSUITES.

Épître

A M. LE PRÉSIDENT SÉGUIER.

15 FÉVRIER 1826.

Brouillons, c'est vous qui troublez toute l'Église.
(LE PAPE CLÉMENT VIII AUX JÉSUITES.
Congregationes de auxiliis.)

NOUVELLE PRÉFACE

Des Jésuites.

—

C'était l'époque où les ministres désavouaient hautement, par l'organe de leurs journaux, l'existence des jésuites, ces fantômes inventés par le comité-directeur pour alarmer les populations. Un écrivain courageux, M. Alexis Dumesnil, avait le premier crié : *Qui vive!* contre ces fantômes. Ce cri fut déclaré séditieux; procès s'ensuivit, et un procureur du roi fit un réquisitoire pour prouver qu'il n'y avait pas le plus petit jésuite en France. Pendant qu'il prouvait, des gens de cour, des pairs, des députés prenaient le scapulaire et faisaient leurs vœux à Mont-Rouge et aux maisons des rues de Sèvres et du Bac; M. de Renneville jetait dans les officines de la trésorerie tous les rhétoriciens de Saint-Acheul; M. Loriquet confiait aux presses de Rusand ses résumés menteurs, espèces de faux en écriture publique, timbrés des quatre initiales *ad majorem Dei gloriam;* M. de Frayssinous se cuirassait de M. de Luynes, de M. de La Chapelle, de M. Trébuquet, pour expier sous ce cilice humain ses péchés gallicans, et se ménager dans l'hôtel de la rue des Saints-Pères une douce inamovibilité. Hors Paris, depuis Dunkerque jusqu'à Toulon, des bandes de missionnaires sans rabats, jésuites voyageant *incognito*, sous le nom de Cordicoles, Christicoles, Pères de la foi, entraient dans les villes, la croix à la main, les frappaient de contributions, fondaient comptoirs et maisons de commerce, et préparaient ainsi à la société de Jésus cette fortune immense qui se révéla quelques années après par tant de parcs et de châteaux marqués du monogramme de la pauvreté.

Ce fut à la suite du mémorable arrêt rendu contre les jésuites par la Cour royale de Paris, que nous publiâmes la satire suivante qui six mois auparavant eût été fulminée par M. de Marchangy. En travaillant à nos vers, nous nous aperçûmes que les matériaux nous manquaient sur le personnel du jésuitisme alors régnant; il nous fallait des noms pour frapper plus juste; mais où les trouver? Les journaux du temps ne faisaient alors la guerre qu'aux masses, tant les individus étaient soigneux de se cacher dans l'ombre! Ils marchaient sur Paris, comme les sauvages de Cooper, d'arbre en arbre, toujours masqués par le tronc, dès qu'un canon de fusil s'abattait dans leur direction. Ce furent de jeunes jésuites séculiers qui vinrent eux-mêmes nous offrir tous les renseignemens désirables, soit sur les choses, soit sur les personnes : était-ce de leur part vengeance d'écoliers contre leurs maîtres? étourderie innocente? Nous n'avons pu jamais apprécier le caractère de leurs délations; mais il nous fut impossible de suspecter la bonne foi et la sincérité de ces rapports, puisqu'ils étaient accompagnés de pièces authentiques. C'est ainsi que nous livrâmes, les premiers, au ridicule ou au mépris, en les nommant, ces généraux de l'armée jésuitique, dont les noms ont été depuis si fréquemment cités à la tribune et dans les journaux : les Renneville, les Loriquet, les La Chapelle, les Ronsin, les Trébuquet, les de Luynes, les Mac-Carthy, et tant d'autres membres de ce comité-directeur si long-temps occulte qui disposait des emplois, provoquait les destitutions, terrorisait les fonctionnaires, étendait partout le vaste réseau de ses intrigues de sacristie et de cour. Les cris de rage qu'ils ont poussés contre nous, les trames secrètes qu'ils ont ourdies pour nous fermer les portes des imprimeries par les agens de M. Franchet, les réquisitoires qu'ils ont vainement sollicités contre nos écrits, tout nous a prouvé que nous les avions frappés au cœur en les nommant ; ils ont rougi, pour la première fois, de leur illustration soudaine ; ils ne nous ont jamais pardonné de les avoir jetés dans le domaine public, comme des hochets ridicules dont on se joue avec impunité.

LES JÉSUITES.

—

Oui, par un double arrêt, ta justice éclatante

D'une secte haineuse a renversé l'attente,

Et les moteurs publics de l'occulte pouvoir

Ont par des cris aigus trahi leur désespoir.

Le jour où retentit la sentence fatale,

On dit que, rassemblés dans une vaste salle,

Les vieux représentans du corps ultramontain

Marquèrent d'un trait noir ce triste bulletin;

L'Étoile, transformée en sinistre comète,

De la sainte colline illumina le faîte;

Mont-Rouge se couvrit d'un lugubre linceul,

Et le deuil, en long crêpe, obscurcit Saint-Acheul :

En tableaux déchirans cet arrêt leur retrace

De leurs affronts passés l'immortelle disgrâce;

Ils tremblent de revoir ce honteux monument [1]

Qu'en face du Palais bâtit le Parlement,

Et maudissent encor la funeste journée

Où Servin les montrait à la France étonnée [2],

Lorsque, d'un régicide élevant le couteau,

Il vouait ses patrons à l'ignoble poteau.

Tu ne l'ignores pas, dans leur secret office,

Ils proscrivent le juge accusé de justice,

Et sur l'index romain dénoncent sans remords

La vertu des vivans et la gloire des morts.

Toutefois, rendons grâce à la loi salutaire
Qui, dérobant Thémis au joug du ministère,
Permet au magistrat d'obéir au devoir
Affranchi du caprice et des coups du pouvoir;
Sans ce ferme soutien, peut-être une ordonnance
A ta loyale main eût ravi la balance,
Et le noir capuchon, qui se montre en tout lieu,
Eût passé du Parquet au siége du milieu.

LES JÉSUITES A PARIS.

Ainsi, dans tout l'État, une assemblée auguste
Aux modernes ligueurs oppose un bras robuste;
Hors de là, tout subit un joug avilissant;
Et les nouveaux sujets d'un suzerain puissant,

Pareils à ces troupeaux que le boucher réclame,

Offrent leur dos servile au sceau du *monogramme* [3].

Un mot mystérieux, chaque jour, les instruit

De l'antre désigné pour le club de la nuit :

Sous le cintre abaissé de ces voussures sombres,

Où des héros proscrits dormaient les grandes ombres,

A l'horloge du mont quand minuit a sonné,

On nous dit qu'aux lueurs d'un cierge profané,

Les vicaires de Rome assemblent leurs Séides ;

Le caveau retentit de vœux liberticides ;

Un vieillard inspiré, fantôme de Châtel,

Souille de ses genoux les marches d'un autel ;

Il lit de leurs statuts la formule secrète,

Et l'auditoire impie en hurlant le répète :

Tel on nous peint l'enfer, quand la trompe d'airain

Appelle les démons au brûlant sanhédrin.

Mais, de tous les pouvoirs bientôt dépositaire,

LES JÉSUITES.

Rome enfin sortira des ombres du mystère;

Elle a promis le monde à ses fils conquérans :

Déjà leur secte impure envahit tous les rangs;

On dit qu'on a vu même, oubliant leur audace,

De vieux soldats passer sous les fourches d'Ignace.

De la liste civile intendans absolus,

Les royales faveurs sont pour leurs seuls élus;

Des plus nobles emplois le nouveau titulaire

Reçoit le ruban rouge après le scapulaire;

Descendus de la cour dans les rangs les plus bas,

On les voit dans la fange embaucher des soldats,

Et du père Franchet la séquelle infernale,

La patenôtre en main, professe la morale.

Bien plus : le porte-feuille assouvit leurs désirs;

Dans le conseil suprême ils ont leurs triumvirs;

L'esprit des Médicis échauffe leur poitrine;

Au palais Luxembourg, les fils de la doctrine

En chars armoriés se pressent chaque jour;

***

LES JÉSUITES.

Au palais, où le peuple a sa modeste cour,

Du côté patriote on usurpe la place,

L'intrigue chaque année en rétrécit l'espace,

Et bientôt, par l'effet d'un miracle nouveau,

Sur le siége de Foy nous verrons Delavau.

Là pour sept ans entiers, dès qu'on a pris séance,

Comme chez Pithagore, on se voue au silence ;

Les jésuites en frac, humblement prosternés,

Vers le banc du ministre ont leurs regards tournés ;

Par des signes muets, ils accueillent sans honte

Les dix cents millions encaissés pour leur compte ;

Et quand le chancelier, d'un saint zèle échauffé,

Convoqua ces béats pour un *auto-da-fé*,

Dans l'urne du scrutin leur boule mercenaire

A voté de Dracon le code sanguinaire.

Voilà par quels excès ces hardis novateurs

Méritent, chaque jour, nos cris accusateurs.

Avec moins de raison, dans nos vieux monastères,

On fronda la mollesse en vêtemens austères,

Et des traits du sarcasme on poursuivit long-temps

Du cloître paresseux les muets habitans :

Plutôt que de souffrir ces odieux jésuites,

Qu'on aimerait mieux voir, de nos jours, reconstruites

L'opulente Chartreuse et l'Abbaye-aux-Bois,

Où de pieux reclus, étrangers à nos lois,

Bornant leur horizon à l'enceinte claustrale,

Pour élire un prieur réservaient leur cabale !

Oui, plus facilement on aurait supporté

Du joyeux Théatin la molle oisiveté ;

Le savant Janséniste, enfant de l'Oratoire ;

Ces pères de Saint-Maur au vaste réfectoire ;

Ces Chartreux indolens, ces gras Bénédictins ;

Et ces galans abbés, sybarites mondains,

Qui, dotés par la cour de riches bénéfices,

Faisaient, par leurs valets, réciter leurs offices.

Aujourd'hui même encore on verrait, sans courroux,
Les fils de Loyola se glisser parmi nous,
Si, des ordres détruits pacifiques émules,
Comme eux ils n'affichaient que de sots ridicules;
De travers sans danger le siècle les absout :
Ils amusent parfois. Eh! qu'importe après tout
Que l'évêque d'Hermès, donnant trêve à sa gloire,
Chasse sur un tapis une boule d'ivoire;
Que l'abbé Trébuquet sur son lit innocent [4]
Aspire, chaque jour, un bain rafraîchissant;
Que Corbière aux bouquins voue un culte idolâtre;
Que Sosthènes d'hysope asperge le théâtre;
Que, dévot spadassin, notre garde-des-sceaux
Appende à ses lambris des fleurets en faisceaux!
De ces légers délits on les absout sans peine;
Mais les chefs turbulens de la secte romaine,
Janissaires du Pape, ont établi leur camp
Devant le Carrousel promis au Vatican;

LES JÉSUITES.

Et, de l'ambition savourant les délices,
Ainsi que les honneurs ils cumulent les vices.
Le peuple les connaît : que, dans ses numéros,
L'Étoile chaque soir couronne ses héros ;
Que d'Ekstein et Bonald, apôtres de l'école,
Sur le front de leurs saints placent une auréole,
Qu'ils vantent leurs bienfaits, qu'ils prônent leurs vertus :
La Grèce voit ses fils sous la croix abattus.
Aux plaines de Salins, sous des cendres brûlantes,
Expirent sans abri des familles tremblantes ;
La France a retenti d'un appel, et soudain
Le denier de la veuve et l'or du publicain
Sont tombés confondus dans l'urne de l'offrande.
Parmi les membres saints de notre propagande,
Quel moine citoyen, quel jésuite connu
A couvert d'un manteau son frère demi-nu?
Dans l'opulent Saint-Roch, quel bon missionnaire
A quêté pour les Grecs en sortant de sa chaire?

Ils parlent de vertus! Eh! quel long cri d'effroi
La France pousserait aux oreilles du Roi,
Si, bravant les verroux, un courageux poëte
Déchirait d'une main noblement indiscrète
Ce pompeux voile d'or qui, dans notre cité,
Des criminels heureux couvre la nudité;
Si, de la voix du peuple interprète cynique,
Sur un papier vengeur il gravait leur chronique;
Si, de nos fiers Séjans troublant la longue paix,
Et livrant au soleil la nuit de leurs palais,
D'un inflexible bras, il traînait à sa barre
La luxure en éphod et l'inceste en simarre!

MONT-ROUGE ET SAINT-ACHEUL.

Aux portes de Paris, dans un champ désolé,
S'élève un monument de grands arbres voilé;

LES JÉSUITES.

D'un génie inconnu la main réparatrice
De décombres épars maçonna l'édifice;
Merveilleux oasis, où le prêtre romain
S'arrête pour charmer les ennuis du chemin.
C'est Mont-Rouge! c'est là que la cité papale
Fit, par ses lieutenans, fonder sa succursale!
C'est là que de Fortis les abbés recruteurs [6],
De jeunes chérubins fougueux instituteurs,
Du zèle qui dévore armant les plus timides,
Au *Vieux de la Montagne* élèvent des Séides!

D'autres mains ont déjà formé ces nourrissons;
Saint-Acheul leur donna les premières leçons.
C'est dans ce vieux castel arrosé par la Somme,
Où règne Loriquet par la grâce de Rome [7],
Que, mutins écoliers, ils ont pleuré sept ans
Sous l'immodeste fouet de leurs chastes pédans:
Là des siècles éteints tout rappelle l'image,

Le triple syllogisme y corrompt le langage;

De la théologie interprètes jurés,

Leurs régens ergoteurs, Vadius tonsurés,

S'enferment en champ-clos et consomment des heures

A pointer un dilemme et nier des majeures;

La science profane y tient son rang aussi :

On s'y croit aux beaux jours du père Jouvency [8],

Alors que, professant dans les chaires gothiques,

De vieux Faunes en robe épuraient les classiques,

Et, rigides frondeurs des amours de Didon,

Expliquaient chastement le *pastor Corydon*.

Heureux l'adolescent qu'a nourri ce collége !

C'est peu que sur les bancs Loriquet le protège;

Si le monde sourit au jeune ultramontain,

Les frères séculiers assurent son destin ;

Renneville l'impose aux bureaux de Villèle [9];

Il a, chez Frayssinous, l'abbé de La Chapelle [10];

De Luynes, vice-roi de l'Université [11],

D'un lucratif emploi dote sa piëté ;

Et le grand-justicier, Pilate du prétoire,

Lance le protégé dans le réquisitoire.

Ainsi, dans le harem par la honte ennoblis,

De jeunes icoglans montent aux pachalis.

LES MISSIONS EN PROVINCE [12].

Heureux si de ce corps l'ambition fatale

Étreignait seulement la vaste capitale !

Mais c'est peu que Paris, par Ignace occupé,

Sous son épaisse robe étouffe enveloppé,

Et rende un culte impie aux bâtards de l'Église ;

Bien mieux encor par eux la province est conquise.

Là, dès que sur un point éclate le danger,

En poste nuit et jour on les voit voyager;

De fougueux visiteurs parcourent, dans leurs chaises,

La France d'aujourd'hui parquée en diocèses :

Leur souffle apostolique échauffe les esprits,

Et quand, devers le Nord, un courageux mépris

De la religion siffle les faux prophètes,

Ils vont dans le Midi réparer leurs défaites.

Dirons-nous tous les lieux que ces hardis soudards

Ont déjà ralliés à leurs saints étendards?

Grenoble, des Humbert antique résidence;

Le froid Montélimart, la déserte Valence;

Orange enorgueilli de ses débris romains;

Vienne où mourut Pilate en se lavant les mains [13];

Toulouse, vieux berceau de Villèle et d'Isaure;

Montpellier où fleurit le culte d'Épidaure;

Nîmes cher à Calvin, Bagnère aux tièdes eaux;

Narbonne dont le miel parfume les côteaux;

Lodève, Alby, Rhodès illustré par un crime;

Bordeaux où Peyronnet sanctifia l'escrime [14];

Aix peuplé de maisons; Marseille aux rocs pelés,

Et le saint Avignon aux remparts crénelés;

Cette ville papale au Vatican si chère

Étale avec orgueil son fastueux calvaire :

C'est là que de Beaussan les devots ateliers [15]

Fabriquent à grands frais ces modernes béliers,

Ces croix qui lourdement aux fardiers confiées

Menacent les cités déjà purifiées,

Et, pareilles en masse au cheval d'Ilion,

Font tomber les remparts à la voix de Guyon.

Dès qu'une bonne ville, accueillant l'ambassade,

Déclare hautement s'armer pour la croisade,

Les deux partis rivaux échangent leur traité :

Au général jésuite on livre la cité;

Les roitelets urbains, abdiquant leur puissance,

Lui font à deux genoux serment d'obéissance;

Il entre, sur les tours fait flotter ses drapeaux,

Il attelle à son char ces fiers municipaux,

Met à l'ordre du jour sa sainte politique,

Et le gouvernement devient théocratique.

Ils laissent aujourd'hui l'adorateur du Tien

Mourir à Macao privé du sceau chrétien;

Ils ne vont plus ravir, sur de brûlantes plages,

Aux griffes du démon des peuplades sauvages,

Et poursuivre, en brisant pagode et manitou,

Le Sachem Muscoculge et le Fakir Indou.

La France leur suffit; c'est là leur nouveau-monde;

Son soleil est si beau, sa clarté si féconde!

Pour ces prêcheurs errans, c'est la terre de miel

Aux élus de Juda promise par le ciel.

Ah! qu'ils sont beaux d'orgueil et que leur joie est sainte,

Quand d'une cathédrale ils arpentent l'enceinte,

Et le tarif en main, par des calculs pieux,

Comptent les pénitens qu'ils vont gagner aux cieux;

Tandis que le curé, vrai pasteur de l'Église,

Abandonnant l'autel et sa chaire conquise,

Pleurant ses auditeurs vers d'autres accourus,

Va demander à Dieu le départ des intrus!

Cependant, les intrus que la superbe enflamme

Du spectacle prochain arrêtent le programme :

Ils divisent par jour l'allégresse et les pleurs,

Ils préparent la croix, les guirlandes de fleurs,

La crecelle de deuil et la cloche de fête;

Dans la troupe sacrée on choisit le poëte,

Chargé de travestir des cantiques de paix

Sur l'air républicain de l'hymne marseillais;

Ainsi tout est prévu, tout est réglé d'avance,

Puis le rideau se lève et la pièce commence.

*

LES JÉSUITES.

La nuit règne : le temple en longs voiles de deuil
Offre au peuple l'aspect d'un immense cercueil ;
Les cierges sont éteints, un pâle luminaire
Prête ses derniers feux aux bancs du sanctuaire.
Groupés sur le parvis, des gendarmes pieux
Montrent aux mécréans leurs uniformes bleus,
Et sous l'arc des piliers de hautes sentinelles
Surgissent en shakos dans les rangs des fidèles.
Tout frémit : l'orateur peint la triste cité
Où l'infernal écho répète : Éternité ;
Il montre l'océan de soufre et de bitume
Qu'une invisible main incessamment allume ;
Et le Juge éternel sur un nuage assis,
La foudre en main frappant les pécheurs endurcis.
Tout-à-coup un éclair luit sous la galerie,
Sous les vitraux brisés tonne l'artillerie,
Et la foule, poussant un cri réprobateur,
S'évanouit en masse aux pieds de l'orateur.

Est-ce ainsi que le Christ, volontaire victime,

Révélait aux Gentils sa morale sublime,

Lorsqu'envoyé céleste il venait dans Sion

Accomplir sur la croix sa sainte mission?

Peuple, console-toi, renais à l'espérance :

Il arrive le jour de la réjouissance;

A la tour du clocher, dès l'aube, un triple airain

Du bon roi Dagobert chante le vieux refrain [16];

L'Église a revêtu sa robe solennelle,

Le tabernacle saint de flambeaux étincelle;

De soyeux étendards, trésor des marguilliers,

Se déroulent groupés aux anneaux des piliers;

Avec art suspendue aux franges d'amarante

Brille le long des nefs la bougie odorante;

Cent lévites, le front rayonnant de bonheur,

Garnissent les fauteuils et les stalles du chœur;

Debout devant l'autel l'ardent thuriféraire

D'une vapeur d'encens couvre le sanctuaire,

Et sous le voile blanc les épouses de Dieu

D'un concert virginal ravissent le saint lieu...

Ces lampes, ces parfums, ces bannières mystiques,

Ces abbés revêtus de riches dalmatiques,

Ces angéliques voix, ces nuages d'encens :

Tout éblouit les yeux, tout enivre les sens ;

Le jésuite triomphe, et le peuple idolâtre

Applaudit dans l'église aux pompes du théâtre [7]..

Cependant, abîmée en un long repentir,

La cité pécheresse abjure tout plaisir :

Dans les cercles mondains on commente *l'Étoile ;*

La larme à l'œil, Thalie a fait tomber sa toile,

Son temple est proclamé le temple du démon ;

Au lieu d'un vaudeville on annonce un sermon ;

Les chefs ambitieux de la sainte milice

Usurpent hardiment l'hôtel de la police,

Et sur l'angle des murs leurs suppôts effrontés

LES JÉSUITES.

Collent des mandemens en guise d'arrêtés.

En vain la probité, justement révérée,
Du plus chétif emploi sollicite l'entrée;
Elle ne peut offrir qu'un placet sans vertu,
Si de leur apostille il n'est pas revêtu.
Malheureux! arme-toi de leur croix triomphale,
De ta conversion promène le scandale;
Immole ta croyance aux *Pères de la foi;*
Songe qu'il n'est sans eux de faveur ni d'emploi;
Le bureau du ministre est dans leur sacristie,
Une main criminelle a préparé l'hostie;
Choisis, et harcelé par un double tourment,
Pour éviter la faim, subis le sacrement [18].

O vous qui de leurs pieds essuyez la poussière,
Jésuites en écharpe habillés par Corbière,
Gloire vous soit rendue, honnêtes magistrats!

Des colléges royaux dédaignant le fatras,

Vous jugez sainement, dans votre conscience,

Qu'un frère ignorantin est un puits de science;

Et tandis que Lancastre, exilé par Guyon,

Honni chez les Français, rentre dans Albion,

Sages conservateurs de pieuses antiennes,

Vous dotez noblement les écoles chrétiennes.

Contemplez ces bons clercs qui, d'un pas mesuré,

Le bréviaire en main, le regard inspiré,

Guident de cent bambins la file régulière;

Ceux-ci, croisant les bras et baissant la paupière,

Le visage encor chaud du saint baiser de paix,

De leur joyeuse humeur captivent les accès,

Et répètent tout bas, sous peine de semonce,

Le code ultramontain par demande et réponse :

« Fuis, comme des lépreux, les *excommuniés* [19]

» Et ceux que pour ses fils l'Église a reniés;

» Grave dans ton esprit l'importante maxime

» De payer *justement* le tribut de la dîme ;

» Surtout, observe bien, en tout temps, en tout lieu,

» La coutume romaine avant la loi de Dieu. »

Récit.

Oh ! quel hardi prophète eût pu nous faire accroire

Qu'Ignace reverrait les beaux jours de sa gloire,

Et que ses vieux enfans, diffamés et proscrits,

Sortiraient radieux de leurs propres débris !

C'était peu qu'exilés de ces riches contrées

Où le Gange fécond roule ses eaux sacrées,

Ils eussent, renonçant à des projets lointains,

Au sol de l'ancien monde attaché leurs destins ;

Dans l'Europe indignée, un long cri d'anathême

Poursuivait leur présence et jusqu'à leur nom même,

Car, de tous les pays que soumit leur orgueil,

L'histoire leur devait une page de deuil.

Le seul État de Rome, au pardon si facile,

Vendait aux assassins l'antique *droit d'asile;*

Et lorsque la fortune, une seconde fois,

Livra le Capitole aux fils des vieux Gaulois;

Quand, rejetant le froc, la superbe Italie

Releva sous nos lois sa tête enorgueillie,

Le monde, saluant un avenir de paix,

Crut voir le nom Jésuite aboli pour jamais.

Au sein de ses États conquis par la victoire,

Loyola se soumit aux lois du Directoire;

Comme Israël chassé de la cité de Dieu,

A la terre classique il fallut dire adieu;

Et le vieux Général, pris dans Rome alarmée,

Suivit, le front baissé, son impuissante armée.

Où fonder une école? où chercher un abri?

LES JÉSUITES.

Dans ses mille couvens, l'Espagnol attendri
Recueillit avec soin leurs bandes fugitives;
D'autres de la Sardaigne atteignirent les rives,
Où le bon roi de Chypre, évincé de ses biens,
Pleura sur leurs malheurs sans oublier les siens.

Qui l'eût dit! alors même ils espéraient encore!
Du soleil de justice ils épiaient l'aurore,
Protestaient de leurs droits, et, nobles potentats,
Gouvernaient sans sujets et régnaient sans États.

Enfin l'heure sonna pour les tribus romaines;
Après les temps écrits des septante semaines,
Sion rouvre ses murs à ses fils exilés.
Alors, réunissant ses tronçons mutilés,
De ses longs bras muqueux le polype d'Ignace
A l'ombre de la croix colle son corps vivace,
Et, de l'humble racine au sommet des rameaux,

Déroule inaperçu ses mobiles anneaux.

La voilà donc enfin l'antique confrérie,

Usurpant une terre où nos lois l'ont flétrie !

Mais qu'elle connaît bien la haine qui la suit !

Son nom est un mystère, elle cherche la nuit.

Fidèles à l'esprit des anciens Cordicoles [20],

On les a vus d'abord au fond de nos écoles,

En *pères de la Foi* prudemment déguisés,

Discipliner par goût nos fils catéchisés :

Aujourd'hui même encore ils dérobent leur nombre,

S'agitent en silence et grandissent dans l'ombre ;

Humbles, les yeux au ciel constamment attachés,

De la pompe mondaine ils semblent peu touchés ;

Et pourtant, chaque jour, leur active industrie

Recrute parmi nous une armée aguerrie,

Qui, recevant ses lois du quartier-général,

Pour paraître au grand jour n'attend plus qu'un signal.

LES JÉSUITES.

Sitôt que, réunis à l'hôtel des Saints-Pères,

Les hôtes passagers de nos sept ministères

Auront, dans leur conseil, aux flammes condamné

Le mémorable édit d'un prince assassiné [21];

Soudain apparaîtra la noire Propagande :

De laïques obscurs elle a grossi sa bande ;

Jésuites radieux, ils proclament leur nom ;

Partout du Vatican flotte le gonfanon ;

Ils réduisent la France en province romaine,

Et, maîtres absolus de ce riche domaine,

Font briser sous leurs yeux, par le bras séculier,

Les tables de la loi sur le grand escalier.

Heureux si, pour signal d'une fête publique,

Ils ne sonnent un jour ce beffroi catholique

Aux tours de Saint-Germain, muet depuis le temps

Où le bon Charles-Neuf chassait aux protestans !

Et qu'on ne dise pas qu'à la foule crédule

Notre voix prophétise un danger ridicule ;
Que le peuple en repos dorme encore aujourd'hui :
Le sanglant avenir, invisible pour lui,
N'est encor révélé qu'aux regards des prophètes.

Le pilote, cinglant vers le cap des Tempêtes [22],
A souvent aperçu dans l'ardente saison
Un point noir sur l'azur de l'immense horizon ;
Son doigt levé signale au muet équipage
Ce triste avant-coureur des vents et de l'orage ;
Il prédit sans pâlir, aux matelots tremblans,
Que ce point agrandi vomira de ses flancs
Des nuages cuivrés, suspendus en coupole,
Des monts du cap Terrible aux glacières du pôle.
Tranquille sur le pont, le passager joyeux,
Souriant à l'azur qui colore les cieux,
Rend grâce à la fortune, et du pilote sage
Par un doute insensé rejette le présage :

Il s'endort; mais bientôt, il voit à son réveil

De l'ouragan prédit le lugubre appareil,

Et le vaisseau, jouet de la vague qui gronde,

Chassé sur des rescifs aux limites du monde.

NOTES.

—

1   Ils tremblent de revoir ce honteux monument.

« Par arrêt du 19 décembre 1594, le parlement ordonna que, sur l'emplacement de la maison démolie de Jean Châtel, il serait élevé une pyramide qui attesterait les crimes, la punition et la haine des Français pour les principes abominables des jésuites. La maison de Châtel était située entre le Palais-de-Justice et l'église des Barnabites, aujourd'hui dépôt général de comptabilité; elle occupait une partie de la place demi-circulaire qui est au-devant de la façade de ce palais. Ce monument fut bientôt détruit. Le père Cotton sollicita la démolition de la pyramide; Henri IV y consentit; le parlement s'y refusa. Alors le roi, usant de son autorité suprême, ordonna que cette démolition s'exécutât pendant la nuit, dans la crainte qu'elle n'excitât un mouvement parmi le peuple ; mais le père Cotton demanda et obtint que ce monument fût démoli en plein jour, disant que Henri IV n'était pas un roi des ténèbres. »

DULAURE.

2 Où Servin les montrait à la France étonnée.

« Après l'attentat régicide de Ravaillac, Louis Servin, avocat du roi, demanda que les livres de Bellarmin, Suarez, Santarelle, etc., fussent brûlés à la porte de la maison des Jésuites. »

DULAURE.

3 Offrent leur dos servile au sceau du monogramme.

Tous les livres de la société de Jésus étaient jadis scellés du fameux monogramme, composé des trois lettres J. H. S. surmontées d'une croix : *Jesus hominum salvator.* Aujourd'hui, les livres publiés par les chefs des maisons professes, et entre autres par l'infatigable Loriquet, supérieur de Saint-Acheul, portent sur le frontispice les quatre lettres A. M. D. G. *Ad majorem Dei gloriam*, ancienne devise jésuitique.

4 Que l'abbé Trébuquet....

M. l'abbé Trébuquet est secrétaire particulier de M. d'Hermopolis. M. Trébuquet est connu par les remèdes émolliens qu'il s'administre régulièrement chaque matin.

5. Que dévot spadassin, notre garde-des-sceaux.

« M. de Peyronnet était petit-maître par amour-propre, ce
» qui lui faisait annuellement dépasser le budget de ses re-
» cettes; hautain par caractère, ce qui lui attirait souvent de
» mauvaises affaires, et brave par ostentation, ce qui le plaçait
» sur la ligne des Duclos, des Sterling, des Lercaro, qui
» étaient alors ce qu'on appelait les *crânes* de bonne compa-
» gnie de la ville de Bordeaux.... M. de Peyronnet n'était
» connu dans son pays que par ses duels fréquens et ses dé-
» penses. »

Biographie des Ministres, article PEYRONNET.

6 C'est là que de Fortis les abbés recruteurs.

M. Fortis est aujourd'hui le général des jésuites; il fait sa résidence ordinaire à Rome; c'est de là qu'il impose ses lois *urbi et orbi*.

7 Où règne Loriquet par la grâce de Rome.

M. Loriquet est le supérieur de la maison de Saint-Acheul; c'est un jeune homme d'un esprit facétieux et mondain, qui dirige son département avec une grande habileté. Son lieutenant est M. Barrelle, jeune abbé provençal, qui a fait de fort mauvaises études dans le petit séminaire de Marseille, régenté par M. Rippert. Saint-Acheul est situé à un quart de lieue d'Amiens; cette maison compte aujourd'hui mille élèves.

8   ... Jouvency.

Le père Jouvency composait des ouvrages classiques et des apologies sur le meurtre des rois.

9 Renneville l'impose aux bureaux de Villèle.

Alphonse de Renneville, maître des requêtes au conseil d'État, attaché au comité des finances, chargé en cette qualité de la suite des travaux dont le ministre se réserve la direction immédiate, a été élevé à Saint-Acheul.

10 Il a chez Frayssinous l'abbé de La Chapelle.

M. de La Chapelle, chef du conseil hebdomadaire de l'Université.

11 De Luynes, vice-roi de l'Université.

M. de Luynes, auquel M. de Frayssinous accorde une confiance illimitée, est inspecteur-général de l'Université.

12 LES MISSIONS EN PROVINCE.

Des personnes d'une piété scrupuleuse prétendaient, il y a quelques années, que les missionnaires n'étaient pas jésuites. Le problème est aujourd'hui résolu. Si les missionnaires n'étaient pas jésuites, ils ne maudiraient pas du haut de leurs chaires les pères et les enfans; ils n'auraient pas été si souvent arrêtés sur le seuil des temples par des curés évangéliques et courageux ; enfin, si les missionnaires n'étaient pas jésuites, demain ils seraient anéantis sur toute la surface du royaume.

13 Vienne où mourut Pilate en se lavant les mains.

La tradition populaire veut que Pilate mourût à Vienne en Dauphiné en se lavant les mains. Les Viennois montrent son tombeau aux étrangers.

14 Bordeaux où Peyronnet sanctifia l'escrime.

Voyez la note 5.

15 C'est là que de Beaussan les dévots ateliers.

M. Beaussan est un charpentier sculpteur qui fabrique à Avignon des croix de mission pour toutes les villes du Midi.

16 Du bon roi Dagobert chante le vieux refrain.

C'est l'air de fête qui se prête le plus facilement à la monotonie des carillons.

17 Applaudit dans l'église aux pompes du théâtre.

Ici notre intention n'a pas été de censurer les pompes de l'Église, ni ses majestueuses cérémonies qui rendent le culte romain si imposant : nous voyons avec douleur que des prêcheurs ambulans s'impatronisent dans les temples, en bâillonnent les pasteurs, et intervertissent de leur propre autorité l'ordre des fêtes tel qu'il est indiqué par le *Rituel*, dans le seul but d'étourdir le peuple par le luxe des décors, la puissance des images, et la mise en jeu de tous les ressorts matériels qui peuvent hâter les effets de la persuasion. Cette intention de leur part se manifeste encore avec plus d'évidence dans le choix qu'ils ont fait des airs de cantiques; aux modes de chant si simples et si religieux, ils substituent aujourd'hui des airs profanes et révolutionnaires. C'est ainsi qu'un chef de mission, passant en Languedoc et entendant chanter la romance pastorale l'*Agnel que m'as bailla*, fut si charmé de sa mélodie langoureuse, qu'il composa sur le même rhythme le cantique dont voici le début :

> Hélas !
> Quelle douleur
> Remplit mon cœur,
> Fait couler mes larmes !
> Hélas !
> Quelle douleur
> Remplit mon cœur,
> Fait couler mes pleurs !

C'est ainsi que les poëtes de la Société ont composé un autre cantique sur l'air de Gulnare, *Rien, tendre amour!* et sur l'air de la *Marche des gardes-françaises*, si rebattu au Vaudeville, un autre cantique qui commence ainsi :

> Quand l'eau sainte du baptême
> Coula sur nos fronts naissans.

Enfin un vieux jésuite de la révolution, qui avait été témoin de l'effet que produisait sur une multitude l'air du *Chant du Départ*, *la République nous appelle*, calqua sur ce rhythme, en substituant *religion* à *république* et *chrétien* à *Français*, une hymne de mission, imprimée dans le Recueil et chantée dans toutes les villes du Midi. Nous avons vu, nous, dans plusieurs de ces villes des processions d'hommes et de femmes chantant en chœur :

> La Religion nous appelle,
> Sachons vaincre, sachons mourir,
> Tout chrétien doit vivre pour elle,
> Pour elle un chrétien doit périr.

Que ces perturbateurs du repos de notre Église viennent ensuite nous accuser d'attaquer les apôtres de la religion ! Les apôtres de la religion sont les pasteurs qui vivent au milieu de leurs ouailles, et non ces fanatiques nomades qui colportent d'autel en autel leurs comptoirs et leur sacrilége industrie.

18 Pour éviter la faim, subis le sacrement.

S'il est quelque chose qui doive exciter dans tous les cœurs vraiment religieux une sainte indignation contre les jésuites, c'est cette profanation du plus sacré des mystères. On sait, et l'histoire est là pour le prouver, que les jésuites ont souvent, pour parvenir à de coupables fins, commis en divers genres d'épouvantables sacriléges.

19 Fuis comme des lépreux les excommuniés.

Dans le Catéchisme des frères ignorantins, imprimé à Lyon chez Mistral, on trouve ce supplément aux six commandemens de l'Église :

> Payant les dîmes justement,
> Les excommuniés tu fuiras,
> Les dénoncés expressément, etc.

20 Fidèles à l'esprit des anciens cordicoles.

« Les jésuites cherchèrent à s'insinuer en France et à y reprendre racine en renonçant à leur nom abhorré, et se cachant en 1775 sous celui de *Cordicoles* ou du *Sacré-Cœur-de-Jésus*, et en 1777 sous celui de *Frères de la Croix*. »

DULAURE.

21 Le mémorable édit d'un prince assassiné.

« Quelque temps après l'assassinat de Louis XV par Damiens, par arrêt du 6 août 1762, le parlement déclara la Société des jésuites dissoute, fit défense à ses anciens membres d'en porter l'habit, de vivre sous l'obéissance de leur général et autres supérieurs, d'entretenir aucune correspondance avec eux; leur ordonna de vider les maisons qu'ils occupaient; leur défendit de vivre en communauté; les déclara incapables de posséder aucun bénéfice, d'exercer aucun emploi ecclésiastique ou municipal, s'ils ne se soumettaient au serment prescrit par ledit arrêt. »

DULAURE.

22 Le pilote cinglant vers le cap des Tempêtes.

Tous les navigateurs parlent de ces terribles ouragans qui éclatent aux approches du cap de Bonne-Espérance, autrefois appelé cap *Terrible*, des *Tourmentes* ou des *Tempêtes*. On sait que ces ouragans s'annoncent ordinairement par un point noir presque imperceptible sur un horizon tout d'azur; ce point paraît fixé sur les hautes montagnes qui terminent la pointe méridionale de l'Afrique.

Nos écrivains les plus dévoués à la morale religieuse et à la cause des libertés publiques ont signalé l'invasion jésuitique dès que les premiers symptômes s'en sont manifestés en France. Leurs sages prédictions n'ont d'abord rencontré qu'une majorité incrédule. Parmi ces écrivains courageux qui, sentinelles vigilantes, ont jeté le premier cri d'alarme, il est juste de citer le vénérable M. Lanjuinais, l'infortuné Paul Courier, M. Alexis Dumesnil, citoyen d'élite et excellent écrivain; M. Cauchois-Lemaire, qui allie l'esprit le plus fin à l'érudition la plus profonde; l'honorable M. Gilbert-de-Voisins, etc., etc.

Dans nos provinces méridionales, foyer du jésuitisme, les journaux indépendans sonnèrent l'alarme en 1819, époque du débordement des jésuites missionnaires. On sait avec quelle courageuse énergie M. Alphonse Rabbe les attaqua à Marseille dans le *Phocéen*; à Grenoble, M. l'avocat Laurent les combattit avec un zèle égal dans le journal libre de l'*Isère*. Les Pères de la foi trouvèrent encore des adversaires redoutables à Bordeaux dans la *Tribune de la Gironde*, et en Auvergne dans les journaux constitutionnels de Clermont et du Puy.

Aujourd'hui que les doctrines jésuitiques sont ouvertement professées, et que les *Pères de la foi* s'avouent hautement jésuites, tout ce que la France compte d'hommes et d'écrivains généreux s'élève contre eux; indépendamment des nombreux ouvrages qui se publient, une lutte journalière est engagée contre le jésuitisme dans les meilleurs journaux de l'opposition constitutionnelle; cette lutte est soutenue par nos écrivains les plus distingués. Si leurs efforts n'étaient pas dans la suite couronnés par le succès, il faudrait désespérer dans ce monde du triomphe de la justice et de la raison.

LES GRECS.

—

Épître

AU GRAND-TURC.

—

24 avril 1826.

—

Que le tigre Ibrahim, dans ses hideuses fêtes,
Pour la table des rois sale cinq mille têtes!...
Épître à Villèle.

LES GRECS.

—

Depuis que ta justice a proscrit les Hellènes,

J'ignore si jamais des alarmes soudaines

A travers le sérail ont percé jusqu'à toi ;

Si jamais, dans Stamboul immobile d'effroi [1],

Par tes pieux imans la foule convoquée

A saisi l'étendard dans la haute mosquée,

Et si, d'un grand danger ton saint peuple averti,

A hurlé de frayeur à l'aspect du muphti.

Écoute, fils d'Omar : si ce fatal présage

Attristait de nouveau ton gracieux visage,

Écarte l'opium qui te tient endormi,

Et détourne un instant tes yeux clos à demi

Vers ce carton poli qu'agrandit la pensée,

Où des États chrétiens la figure est tracée.

Jamais, en moins de temps, l'invisible courroux

Ne porta sur les rois de plus rapides coups ;

Un pouvoir inconnu, dans la tombe éternelle,

Comme pour un congrès tour à tour les appelle ;

Le morne catafalque épouvante les cours ;

Un spectre menaçant, drapé de noir velours,

Près de ses grands vassaux fait sa ronde sinistre.

Partout le télégraphe, impassible ministre,

Signale, de ses bras constamment agités,

Des rois qui ne sont plus ou des rois alités [2].

Suis ces légers contours; que ton doigt se promène

Sur ces traits déliés qui marquent leur domaine!

Contemple au sein des flots cet angle irrégulier,

Des troubles de l'Europe éternel atelier;

Là sans doute on verrait plus d'un noble insulaire

Dévouer à la Grèce un fer auxiliaire;

Mais le cri du départ est encore éloigné;

Canning prescrit le port à Cochrane indigné :

D'un élan généreux il étouffe les flammes,

Et l'égoïsme anglais gouverne dans Saint-James.

Au palais des Césars, Metternich absolu

Captive dans sa main l'empire irrésolu :

Quand de ses doigts nerveux la subtile science

Tressa le nœud serré de la Sainte-Alliance,

Dans ce pacte de rois peut-être il te comprit;

Du moins, tu pus savoir combien il s'attendrit
En ce jour où la Grèce, héroïque amazone,
Parut en suppliante au congrès de Vérone.

Nicolas, menacé de poignards assassins,
Fait par ses cavaliers sabrer ses fantassins;
D'un immense héritage imprévu légataire,
Sous le trône il soupçonne un effrayant mystère,
Et frissonne du sang qu'il voit autour de lui;
Sans ses prétoriens, où serait son appui?
Tandis que, chaque jour, la gazette infidèle
Du passage du Pruth hasarde la nouvelle,
Dans les glaces du Nord il sommeille engourdi.

Mais un plus grand danger couve dans le Midi;
Et le roi catholique, échauffé d'un beau zèle,
Peut d'une guerre sainte embrasser la querelle.
Tu ris, noble sultan; et, par un quiproquo,

Tu confonds quelquefois l'Espagne et Monaco ;

Ses mauresques exploits n'ont rien qui t'épouvante ;

Que te fait Charles-Quint triomphant à Lépante,

Quand tu vois Ferdinand, courbé sous un tribut,

Au potentat d'Alger rendre un humble salut?

Depuis qu'au Nouveau-Monde une engeance rebelle

De sa vieille nourrice a brisé la tutelle,

Le trésor est réduit à des maravédis ;

Les piastres de Lima n'entrent plus dans Cadix.

En vain, pour ajourner son auguste faillite,

Le monarque en détresse a recours à Laffitte ;

En vain l'avons-nous vu, comprimant son orgueil,

Des banquiers circoncis importuner le seuil,

Et, montrant à l'usure un leurre chimérique,

Offrir d'hypothéquer ses États d'Amérique.

Toutefois, au milieu des tourmens de la faim,

Il nourrit largement de sa royale main

Des troupeaux du Seigneur la famille indigène;

Au râtelier du peuple ils s'engraissent sans gêne,

Et, sous le froc épais qui leur sert de toison,

Ils bêlent pour leur prince une ardente oraison.

Désormais, que l'État ou triomphe ou périsse,

Qu'importe! il a pour lui leur dévote milice;

De leur béatitude il goûte la douceur,

Et perd gaîment son trône aux pieds d'un confesseur.

Content de promulguer d'impuissantes cédules,

Il triomphe; et, pareil à ces rois ridicules

Qu'on va voir dans leur loge à travers des barreaux,

Grossièrement drapés de sales oripeaux,

Agiter un vain sceptre en des mains enchaînées

Et d'un trône idéal régler les destinées;

Lui, gravement assis au fond de son palais,

Fait des plans de campagne et des traités de paix,

De Cortès contumax peuple les gémonies,

Nomme des gouverneurs, régit ses colonies,

Et, souverain titré de royaumes perdus,
Comme d'Hermopolis il règne *in partibus*.

Pour la France, crois-moi, c'est ta vieille alliée;
Chez nos tièdes chrétiens l'époque est oubliée
Où d'Europe en Asie on a vu voyageant
Le riche paladin et Gautier-sans-Argent [3].
Nos princes ont perdu la sépulcromanie :
Avant que du Très-Haut la puissance infinie
Dans leurs cœurs refroidis rallume ce brasier,
Sous le froc de Mont-Rouge on verra Montlosier;
Les députés huileux de nos Bouches-du-Rhône [4]
Pour leur rare éloquence auront une couronne;
Du nom de philanthrope on dotera Canning,
Et Villèle aux rentiers rendra deux parts sur cinq.

Je l'avoûrai pourtant, à l'aspect de ton glaive,
Un long cri de pitié de temps en temps s'élève;

LES GRECS.

L'Orient nous attache à ses nouveaux débris;

On transforme en héros Marcos et Canaris;

La France a répété les hymnes de Messène;

L'ombre d'un roi de Sparte a paru sur la scène [5];

Des esclaves guerriers que proscrivent tes lois

Le peuple dit les noms ainsi que les exploits.

Bien plus, pour étaler une grande infortune,

Lainé, Châteaubriand tonnent à la tribune

En faveur des proscrits prisonniers dans leurs murs;

De pauvres citoyens, philanthropes obscurs,

Entourant la vertu des mystères du crime,

Adressent au courage un bienfait anonyme....

Eh! que peut contre toi ce complot clandestin?

L'État muet et sourd laisse agir le destin;

Si quelques défenseurs se lèvent pour la Grèce,

D'autres bras bien plus forts s'arment pour Ta Hautesse;

Leur zèle généreux t'offre un secours puissant :

Dans les mers d'Ionie où pâlit le Croissant,

L'escadre jésuitique arrive à pleine voile;

L'Observateur d'Autriche et les Turcs de *l'Étoile*,

Leur gazette à la main, t'enrôlent des soldats;

Politiques pieux, honnêtes apostats,

Ils laissent, sans remords, le Croyant fanatique

Effacer de la terre un peuple schismatique,

Bénissent Ibrahim du sang chrétien couvert,

Et, la Croix sous les pieds, baisent le turban vert.

Pour dresser tes soldats au métier de la guerre,

On a vu des Français s'armer du cimeterre,

Et, déguisant leurs traits à l'aide du turban,

Sur un caftan d'honneur coudre leur vieux ruban.

Ils sont dans ton conseil : c'est aujourd'hui peut-être

Que leurs mains, pour les tiens, pétrissent le salpêtre,

Et que Missolonghi, vainement défendu,

Tombe sous le canon que la France a fondu [6] !

D'autres, sur un vaisseau de leur honte complice,

Entassent des vaincus qu'épargna l'avarice,

Et, dans tous les bazars ouverts à tes sequins,

Ils colportent des blancs à défaut d'Africains.

Ainsi la Grèce un jour, étrange destinée!

Parmi les nations remplaçant la Guinée,

Vendra sa race esclave au nouveau président [7].

La loi prête sa force au nègre indépendant ;

Tout un peuple d'Europe, enviant la peau noire,

Appelle à son secours Wilberforce ou Grégoire,

Et de son suzerain Saint-Domingue affranchi

A vu par un décret son mulâtre blanchi.

Bénis donc à jamais mon heureuse patrie

Prodigue de son sang et de son industrie :

Rends un égal hommage à nos bons députés ;

De soucis belliqueux ils sont peu tourmentés ;

Les martyrs d'Orient, mourant dans les supplices,

Ne troublent point la paix de leurs saints exercices.

Le grand pardon de Rome, en France descendu,

Occupe dans Paris tout un peuple assidu ;

Et des nouveaux Jonas la voix impérative

Subjugue cette fois la rebelle Ninive.

C'est peu qu'aux marguilliers descendus de leurs bancs,

Au suisse gigantesque affublé de rubans,

Se joignent à la file, au milieu de nos rues,

Les dévots d'habitude et les jeunes recrues ;

D'un spectacle plus beau mon œil est attendri :

Pareils aux flagellans du troisième Henri [8],

Les courtisans du jour courent à la piscine ;

Et, le corps macéré sous la sainte houssine,

Ces vieux fils de Mammon, par la grâce touchés,

Aux parfums de l'encens boucanent leurs péchés.

Tandis que, l'œil ardent, à la suite des vierges

Les séraphins goutteux marchent armés de cierges,

Des corps cicatrisés, d'illustres vétérans,

Humblement confondus au milieu de leurs rangs,

Poussent à chaque pas des cris expiatoires,

Et demandent à Dieu pardon de leurs victoires.

Par ces exemples saints, les princes de l'État

En dévot oratoire ont changé le sénat ;

Le député distrait, sur sa chaise curule,

Marmonne son rosaire ou commente la bulle ;

Il ne voit d'orateurs que Fayet ou Guyon :

Si le ciel l'a fait humble et sans ambition,

S'il n'est pas revêtu d'un éclatant office,

Au sortir de la Chambre il court à Saint-Sulpice,

Avec les roturiers qu'on admet dans ce lieu,

Entendre à petits frais la parole de Dieu.

Mais s'il est possésseur de hautes seigneuries,

Si ses panneaux luisans sont chargés d'armoiries,

Si son casque est orné d'un double lambrequin,

Dans le cercle choisi de Saint-Thomas-d'Aquin

Il entre, il se pavane, en dévot gentilhomme

Il sourit à la voix du préposé de Rome,

Et déclare le soir, en dépit des railleurs,

Qu'un chrétien comme il faut ne peut entrer ailleurs.

Voilà ceux que le peuple a fait ses mandataires!

Marchandée avec fruit par nos sept ministères,

Cette tourbe bénigne, attentive à leur voix,

Demande la clôture, opine et fait des lois.

Des deux côtés rivaux la résistance est vaine :

Ainsi roule un grand fleuve où sa pente l'entraîne;

En vain, sur les deux bords, des courans latéraux

Marchent en sens contraire à la masse des eaux.

Les plus lourds conducteurs qui gouvernent la France,

Corbière, Frayssinous, patrons de l'ignorance,

Font marcher en sifflant ce complaisant bétail.

Va, si tu veux jamais réformer au sérail

Ces dociles agens qui parlent par le geste,

Notre Centre à coup sûr t'en fournira de reste;

Mais que dis-je, imprudent? ai-je oublié si tôt

Qu'un muet ombrageux s'irrite d'un seul mot?

Qu'au faubourg Saint-Marceau la moderne Bastille

Laisse entrevoir Cardon à travers une grille 9?

Et que Salaberry, bâtonnier de son corps,

Pour venger son honneur appelle des recors?

Puisque l'auteur qui parle est traduit à la barre,

Respectons le sénat; notre divan bizarre

Est bien digne à son tour d'égayer tes loisirs,

Et je puis, sans danger, évoquer nos visirs.

Depuis cinq ans entiers l'impassible Villèle

Cimente sur le roc sa fortune éternelle;

Monarque sous Louis, sous Charle il règne encor;

Aux genoux de Rothschild il baise le veau d'or,

Et malgré les siffleurs, Chalabre de la rente 10,

Il *taille* l'agio comme un *trente et quarante.*

Chabrol, armé d'un sceptre en trident façonné,

De l'État qu'il gouverne est lui-même étonné ;

Aux tours de son palais en vain le sémaphore [11]

Marque les mouvemens des flottes du Bosphore.

De ces obscurs détails il dédaigne le soin,

Son télescope étroit ne porte pas si loin ;

Des travaux du chantier le fracas l'importune,

Le roulis de la mer trouble notre Neptune,

Et dans notre marine il admire surtout

La coquille à vapeur qui descend à Saint-Cloud.

Pour signaler son règne et torturer le Code,

Le *savant* Peyronnet se présente au synode [12] ;

Au trône domestique il destine l'aîné ;

Dans son maigre apanage aujourd'hui confiné,

Le cadet de famille aux novateurs agraires

Demande vainement le partage des terres ;

La loi, pour le punir d'être venu trop tard,

Légitime son frère et le traite en bâtard [13].

L'honnête Delavau, d'une main paternelle,

Caresse ses enfans suppôts de la Tournelle ;

Il veut sauver leur ame, et dans leur corps gâté

Vacciner la morale avec la probité.

Ah ! si la voix publique est digne de croyance ;

Si ce visir, rigide envers sa conscience,

S'accuse avec effroi d'un péché véniel,

Comment peut-il mêler, sans offenser le ciel,

Aux devoirs du chrétien sa triste politique,

Et l'argot de Vidocq au langage mystique [14] ?

Peut-il favoriser, par un affreux plaisir,

L'enfantement du crime, afin de le saisir ?

Peut-il, d'un bras hardi, sans scrupule et sans honte,

Fouiller dans les secrets des égouts d'Amathonte,

Puits fétide et profond où le hardi Verneuil [15]

Descendit pour écrire un cynique recueil ?

Qu'il cède à Peyronnet cette inique caverne ;

J'aimerais à le voir dans ce rang subalterne !

L'écharpe de l'édile irait à son côté!

Je sais bien qu'à bon droit son savoir est vanté,

Que de mille vertus son caractère brille,

Qu'il pousse au dernier point l'amour pour sa famille,

Que de ses vêtemens calculant chaque pli,

Dans l'art de la toilette il efface Sully;

Mais de ses premiers ans l'époque un peu profane

Lui dut de la police ouvrir le grand arcane;

Il doit à son fleuret le glaive de Thémis;

Dans de larges festins ses turbulens amis

Chantèrent mille fois ses prouesses bachiques;

Bordeaux répète encor ses exploits monarchiques;

Et ce grand magistrat suivrait mieux son destin

S'il avait à régir la *salle Saint-Martin* [16].

Que le père Franchet est bien mieux à sa place!

Laissant à Delavau l'obscure populace,

L'assermenté jésuite à l'occulte sénat

Transmet, par bulletins, les secrets de l'État ;

Tantôt, pour éclaircir un soupçon politique,

Il asseoit ses agens au foyer domestique,

Ou dans la malle-poste arrêtée en chemin,

Glisse au mépris des lois une furtive main.

L'œil fixé sur l'index que Rome nous adresse,

Le sbire ultramontain incrimine la presse ;

Charles, devenu roi, vainement l'affranchit ;

Un pouvoir plus puissant, devant qui tout fléchit,

Étouffe la pensée au moment de paraître ;

Sans l'espoir d'exister elle a le droit de naître.

Le bâillon à la main, un argus aposté

Au sortir de la presse attend la vérité ;

Le pâle typographe, en son laboratoire,

Ne rêve que sellette et que réquisitoire ;

Du louche inquisiteur le regard l'interdit ;

L'auteur désespéré d'un chef-d'œuvre inédit,

Vainement au courage exhorte son libraire :

Des attentats d'autrui l'éditeur solidaire

Lui montre la boutique où la foudre tomba,

Et repousse l'écrit en songeant à Barba ¹⁷.

Salem.

Voilà comment l'Europe et la France chrétienne

Mêlent leur politique au succès de la tienne;

J'ai traduit à tes yeux, dans ces vers délateurs,

Nos ministres du jour et nos législateurs.

Puis donc que par nos mains ta fortune est poussée,

D'une crainte futile affranchis ta pensée;

Consomme par le fer aux flammes réuni,

A la face du monde, un triomphe impuni;

De l'Hellespont désert ressuscite les flottes;

Et le fouet à la main poursuivant tes ilotes,

Dans le code nouveau que les rois ont dicté,

Consacre en traits de sang la légitimité.

Qu'importe qu'en mourant chaque Grec qui succombe

Des tiens tombés par foule élève une hécatombe?

Tes États sont féconds; dans ce grand réservoir

Tu peux sans le tarir amplement te pourvoir;

Accorde chaque année à leur glaive funeste,

L'inutile tribut qu'eût dévoré la peste;

Use de tes sujets, mais ne compromets pas

Ta personne sacrée au hasard des combats;

Par tes Mardonius poursuis tes destinées [18].

Pour charmer les ennuis de tes longues journées,

Solitaire, invisible aux regards des Croyans,

De ton léger kiosque aux panneaux verdoyans [19],

Suis des yeux, à travers l'étroite jalousie,

Le flot qui part d'Europe et qui fuit en Asie;

Ou bien sur un sopha que la Perse a construit,

Par l'effet de ton souffle en un tube introduit,

Consume lentement la feuille opiacée

Que pour son doux seigneur cueille Laodicée [20].

De l'aloës, de l'ambre aspire les parfums;

Loin de toi de nos cours les soucis importuns!

Du reste des humains que ce lieu te sépare!

Seulement quand parfois un messager tartare,

Du camp de Mohamed arrivé dans la nuit,

D'un combat glorieux vient devancer le bruit,

Si ce fidèle esclave annonce en témoignage

Qu'une barque attachée à l'anneau du rivage

T'apporte des vaincus qu'Ibrahim t'immola,

Descends, viens les compter en bénissant Allah;

Par tes beaux icoglans, en passant outragées,

De créneaux en créneaux que leurs têtes rangées,

Pour les yeux des chrétiens hideux épouvantail,

D'un parfum de cadavre embaument ton sérail [21]!

NOTES.

1 Si jamais dans Stamboul, immobile d'effroi.

Stamboul est le nom que les Turcs donnent à Constantinople.

2 Des rois qui ne sont plus ou des rois alités.

Rois décédés depuis peu de temps : Georges III, Louis XVIII, Pie VII, les rois de Bavière, de Naples, de Portugal, Alexandre Ier et Jean VI.

Rois habituellement malades : l'empereur d'Autriche, les rois de la Grande-Bretagne, d'Espagne, Sa Sainteté Léon XII, etc., etc.

3 Le riche paladin et Gautier-sans-Argent.

Vers la fin du onzième siècle, plus de quatre-vingt mille

Croisés partirent pour la Terre-Sainte, sous la conduite de l'ermite Pierre; l'avant-garde était commandée par Gautier, dit *Sans-Argent*.

4 Les députés huileux de nos Bouches-du-Rhône.

On sait que les députés de ce département n'ont encore pris la parole à la Chambre que lorsqu'il s'est agi de l'impôt sur les huiles.

5 L'ombre du roi de Sparte a paru sur la scène.

La tragédie de *Léonidas* doit le succès qu'elle a obtenu autant à son mérite littéraire qu'à l'intérêt puissant que lui donnent les circonstances. On se souvient avec attendrissement de l'effet que produisit sur le parterre la vue du jeune Canaris, placé dans la loge de Monseigneur le duc d'Orléans, et pleurant sur les héros antiques qui lui rappelaient si bien ses immortels compatriotes.

6 Tombe sous le canon que la France a fondu.

Ces vers étaient écrits lorsqu'on a reçu la désolante nouvelle qui a plongé la France et Paris dans la consternation, la prise de Missolonghi.

7 Vendra sa race esclave au nouveau président.

Boyer, président d'Haïti.

8   *Pareil aux flagellans du troisième Henri.*

Les flagellans étaient une secte de fanatiques qui se disciplinaient et se flagellaient publiquement en expiation de leurs péchés; ils se réunissaient en troupe d'hommes et de femmes, parcourant, nus jusqu'à la ceinture, les villes et les campagnes, et modulant les coups de fouet dont ils se déchiraient sur les airs des cantiques qu'ils chantaient.

Cette secte reparut sous Henri III. Ce prince, qui alliait la plus minutieuse dévotion à la plus monstrueuse impudicité, se donnait lui-même en spectacle dans les rues de Paris, confondu dans les processions de ces misérables avec les principaux seigneurs de sa cour et ses méprisables favoris.

9   *Laisse entrevoir Cardon à travers une grille.*

François-Michel Cardon, éditeur responsable du *Journal du Commerce*, condamné par la Chambre des Députés à un mois de prison et à cent francs d'amende, comme coupable d'offenses envers la Chambre.

Bien que MM. Salaberry et Chifflet eussent déclaré que l'offense partait de trop bas pour les atteindre, néanmoins, de la hauteur où ils se trouvaient placés, ils ont poursuivi avec acharnement le journaliste, pour plainte portée par eux, devant eux, pour un délit commis contre eux, pour être jugé par eux.

10   *Et malgré les siffleurs, Chalabre de la rente.*

M. le comte de Chalabre, croupier en chef des jeux de

Paris, peut certainement être comparé à M. le comte de Villèle. Les salons de l'hôtel Rivoli ressemblent beaucoup à ceux de la rue Grange-Batelière ; les maîtres de ces salons spéculent, avec un égal succès, sur ces deux subdivisions de joueurs qui appartiennent à la même espèce.

11 Aux tours de son palais en vain le sémaphore.

Sémaphore, télégraphe de mer. On dit que ce mot dérive de *sema*, signe, et de *phero*, je porte.

12 Le savant Peyronnet se présente au synode.

Si quelques-uns de nos lecteurs sont étonnés de l'épithète donnée à M. de Peyronnet, qu'ils lisent le discours de M. de Châteaubriand à la Chambre des Pairs : « Le *savant* magistrat » auquel j'ai l'honneur de répondre, etc. »

13 Légitime son frère et le traite en bâtard.

Le droit d'aînesse ayant été rejeté, j'ai cru un instant qu'il était de mon devoir de supprimer ces vers par respect pour une grande infortune ministérielle ; mais ensuite j'ai été moins scrupuleux dans mon respect pour le malheur, en voyant reparaître à la tribune des députés M. de Peyronnet radieux comme un vainqueur, tenant dans sa main les débris de sa loi mutilée.

14 Et l'argot de Vidocq en langage mystique.

Vidocq est aussi un personnage célèbre de notre époque ;

c'est le chef de la police de sûreté ou de surveillance de la ville de Paris.

15 Puits fétide et profond où le hardi Verneuil.

Fournier-Verneuil. Son ouvrage sur Paris, rempli des plus hideuses vérités, est aujourd'hui poursuivi devant les tribunaux.

16 S'il avait à régir la salle Saint-Martin.

La salle Saint-Martin est une salle de dépôt de la Préfecture de police.

17 Et repousse l'écrit en songeant à Barba.

Le malheur de M. Barba, privé de son état et de son brevet de libraire, a excité vivement l'intérêt du public et porté la terreur chez tous ses collègues.

18 Par tes Mardonius poursuis tes destinées.

Mardonius, généralissime des armées de Xercès.

19 De ton léger kiosque aux panneaux verdoyans.

Constantinople est de forme triangulaire. Le sérail est bâti à l'un des angles, d'où l'on jouit de la vue de la côte de l'Asie-Mineure, coup-d'œil qui n'a point d'égal dans le monde.

Nous n'entendons pas par le sérail les appartemens où sont

confinées les femmes du Grand-Seigneur, comme on se l'imagine communément; mais toute l'enceinte du palais ottoman, qui égale en étendue une ville médiocre. Le mur qui environne le sérail a trente pieds de hauteur, avec des créneaux, des embrasures et des tours, dans le style des anciennes fortifications.

Le kiosque, ou pavillon du Sultan, est à l'extrémité de la pointe du sérail; on le distingue de loin à la persienne verte à travers laquelle Sa Hautesse peut contempler ses domaines d'Europe et d'Asie.

20 Que pour son doux seigneur cueille Laodicée.

Laodicée, aujourd'hui Latakié ou Ladikié, ville commerçante dont le port passe pour le meilleur de la Syrie. Le tabac qu'on fume au sérail vient de Latakié.

21 D'un parfum de cadavre embaume ton sérail.

Il ne faut pas disputer sur les étranges goûts des souverains. Le pape Sixte-Quint se plaisait à assister aux exécutions; Charles-Quint témoignait le plus grand respect à la vue d'une potence. C'est l'empereur Vitellius qui a dit le premier : *Le corps d'un ennemi mort ne sent jamais mauvais.* Notre Charles IX a répété les mêmes paroles à l'aspect du cadavre de l'amiral Coligny.

LA VILLÉLIADE

ou

LA PRISE DU CHATEAU RIVOLI.

Poëme héroï-comique

EN SIX CHANTS.

23 JUILLET 1825.

NOUVELLE PRÉFACE

De la Villéliade.

—

La *Villéliade* a reçu du public un accueil si distingué, qu'on nous saura peut-être quelque gré de consigner ici le petit historique qui se rattache à sa publication.

De tous les libraires-éditeurs du Palais-Royal, aucun ne voulut traiter avec nous ni pour l'achat du manuscrit, ni pour l'impression; la crainte d'une saisie inévitable les arrêta tous, tant était formidable alors la police Franchet. Nous offrîmes presque gratuitement notre poëme à un libraire honnête homme et malheureux, qui nous priait souvent de *faire quelque chose pour lui*. Sa mauvaise étoile lui fit refuser notre offre; quelques mois après, il publia un in-32 qui lui valut trois mois de prison. Au reste, les imprimeurs étaient encore plus épouvantés que les libraires : après lecture du manuscrit, tous nous le rendaient en s'étonnant que la pensée d'une pareille publication pût entrer dans l'esprit d'un homme de raison. En même temps, une copie du poëme que nous avions donnée à un honorable député courait les salons, et à chaque instant de nouvelles craintes nous étaient inspirées par d'illustres écrivains qui avaient assisté aux lectures de la *Villéliade*, et qui s'intéressaient vivement à nous. Tant de contrariétés, loin de nous décourager, ne firent qu'irriter notre ardeur et multiplier nos courses chez les libraires et les imprimeurs. Une fois nous crûmes toucher à la réussite; M. Moutardier, après avoir lu le manuscrit, n'y trouva rien d'offensif, et nous offrit de traiter pour l'achat. Les conditions furent bientôt faites, stipulées par articles sur double feuille; rien n'y manquait plus que la signature de l'acheteur.... Une alarme jetée par une voix inconnue arrêta tout au moment décisif.

Livrés à nos seuls moyens, nous résolûmes de nous rendre nous-mêmes les éditeurs de notre ouvrage, si toutefois nous trouvions un imprimeur; le hasard nous mit en rapport avec M. Barthélemy, jeune homme plein de zèle et de désintéressement, qui se chargea d'imprimer la *Villéliade*, et de nous en livrer la première édition tirée à un grand nombre d'exemplaires. Toutes les insinuations et les influences occultes furent sans effet sur M. Barthélemy qui, au jour fixé, porta chez nous l'ouvrage imprimé. Le libraire Ponthieu en accepta le dépôt, mais il ne voulut point que le frontispice portât son nom.

La veille de la publication, nous rencontrâmes sur les boulevards M. Étienne fils *, qui nous annonça, comme nouvelle sûre et de bonne source, que le lendemain à huit heures la *Villéliade* serait saisie chez Ponthieu; beaucoup d'autres personnes qui avaient des attenances dans les salons ministériels nous confirmèrent le même bruit; à onze heures du soir, dans les bureaux du *Constitutionnel*, M. Jay nous dit, avec sa bienveillance ordinaire, qu'il allait envoyer notre article d'annonce à l'imprimerie du journal, quoiqu'il fût convaincu que l'ouvrage serait saisi.

Le lendemain tous les journaux annoncèrent le poëme; le *Globe*, plus hardi que ses confrères, en cita un chant entier, ce qui le rendait solidaire de notre sort. Nous attendîmes toute la matinée le commissaire saisissant; à quatre heures l'armée des commis de M. de Villèle descendit chez Ponthieu, et épuisa

---

* Fils de l'illustre écrivain de ce nom.

l'édition; trois mille exemplaires avaient été vendus. L'*Aristarque*, journal de M. Labourdonnaye, avait imprimé en notre faveur trois colonnes d'éloges, comme fit plus tard la *Gazette de France*, et nous conclûmes de cette bienveillance générale que le président du conseil avait, par un motif inconnu, révoqué l'ordre de poursuivre, en laissant à la vente et aux poëtes pleine et entière liberté. Le soir des groupes de promeneurs lisaient à haute voix la *Villéliade* dans le jardin des Tuileries, sur les boulevards, sous les arcades de l'hôtel Rivoli. On apprit bientôt comme officiellement, par les journaux, que M. de Villèle avait pris le parti de rire, et ce bruit, loin d'amortir la curiosité publique, ne fit que l'accroître au dedans et au dehors. Douze éditions furent épuisées en deux mois; la quinzième, tirée à quatre mille exemplaires bien longtemps après la publication, retrouva le même empressement chez le public acheteur. A l'heure où nous écrivons, ce poëme manque dans la librairie, et il est redemandé tous les jours, tant le souvenir oppressif de M. de Villèle vit encore dans tous les esprits! car dans la vogue de la *Villéliade*, la poésie ne fut qu'un mince accessoire; nous la dûmes presque toute à l'heureux *choix d'un héros propre à intéresser*.

ID# CHANT PREMIER.

ARGUMENT.

Invocation. — Les députés du centre se rassemblent chez Villèle. — Grand diner ministériel. — Discours de Villèle. — Plans de campagne. — Hommage lyrique de Martignac.

Chant Premier.

—

Muse des Capitouls, toi qui sur l'Hélicon
Célèbres tes héros sur un mode gascon,
Redis-nous aujourd'hui cette grande querelle
Qui troubla si long-temps le sommeil de Villèle,
Comment Labourdonnaye et de fiers députés,
Du comte de Toulouse ennemis indomptés,

Lassés de haranguer une Chambre muette,

Sonnèrent des combats la bruyante trompette,

Et sur le haut balcon du château Rivoli

Proclamèrent son règne à jamais aboli.

Tout dormait dans Paris, et le peuple et l'armée :

Mais au palais Villèle, une table embaumée,

Un peuple de valets, la serviette à la main ;

Un congrès de cochers du faubourg Saint-Germain,

Qui sur leurs bancs oiseux sommeillaient dans la rue,

La salle du festin à grand bruit parcourue,

Tout annonce au dehors que nos bons députés

Veillent pour la patrie et pour nos libertés.

Corbière, Peyronnet, Frayssinous en étole,

La main sur la poitrine ont salué l'idole ;

CHANT PREMIER.

Sur des siéges d'honneur on les a fait asseoir;

Auprès d'eux sont rangés les élus du pouvoir,

Ces députés ventrus à la faim indomptable,

Qui votent des budgets et les mangent à table.

On distingue entre tous Ravez à l'œil de feu,

Éternel président, bardé d'un ruban bleu;

Puymaurin, Martignac, à la douce faconde,

Tous les *ac* qu'à Paris envoya la Gironde;

Civrac, Castelbajac, Camarsac, Solilhac,

Saintenac, Mayrinhac, Clarac, Cressac, Flaujac.

Non loin sont alignés Cardonnel, Pampelune,

Mortillet, jusqu'ici vierge de la tribune;

Desbassins, orgueilleux de sa fraternité [1];

Anthès, dont le gosier constamment humecté,

D'une voix de stentor commande la clôture;

Roux, qui d'un nom trop court anoblit la roture [2];

Chifflet, Salaberry; Dudon, de qui la voix

Sur les bancs ennemis retentit autrefois;

Piet, traiteur du sénat [3]; le riche Lapanouze;

Les députés du Nord au grand complet de douze [4];

Pardessus, échappé de l'École de droit;

Et tous ceux, en un mot, que chaque jour on voit

Au signal qu'on leur donne, et suivant l'occurrence,

Applaudir avec bruit ou dormir en silence.

Après que du festin les convives élus

Eurent béni cent fois le nouveau Lucullus,

Au moment où chacun par un dernier caprice

Allait faire au dessert un léger sacrifice,

Le ministre se lève et dit : « Nobles mortels,

» Que j'ai conduits ici du fond de vos castels,

» Comtes, marquis, barons, soutiens du ministère,

» Qui n'avez de souci que celui de vous taire;

» Vous, que j'ai chamarrés de cordons et de croix;

» Vous, mandés par le peuple à l'appui de mes droits,

» Écoutez : Un danger menace le royaume;

CHANT PREMIER.

» Et cette fois, du moins, ce n'est pas un fantôme;

» Ce n'est plus un pétard allumé par Bouton [5],

» Un pamphlet de Kœchlin, un complot de Berton;

» Ce ne sont plus ici de ces peurs ridicules

» Qu'insinue un journal à ses lecteurs crédules.

» Sachez que ce palais, élevé par ma main,

» N'est plus un endroit sûr; on l'attaque demain;

» On veut me renverser; une ligue insolente

» Déjà s'est rassemblée et campe sous la tente.

» A la plaine Grenelle où je veux faire un port,

» De ses ardens Ultras réunissant l'effort,

» Le fier Labourdonnaye, injuste par système,

» Veut à mon noble front ravir le diadême;

» Et ce n'est pas moi seul qu'il prétend détrôner:

» A tout mon ministère il ne peut pardonner.

» Contre mes vice-rois sa haine se déclare;

» Songez-y, vous, d'abord, Excellence en simarre!

» Vous, Corbière, chéri des bons ignorantins,

» Il veut vous reléguer au milieu des bouquins!

» Pour vous, sage prélat, aux phrases si polies,

» Hélas! il vous condamne à vivre d'homélies!

» Vous enfin, dont le bras agite un vain trident,

» Vous qui loin de la mer, Argonaute prudent,

» N'avez jamais des flots éprouvé la secousse,

» Jean-Bart du Garde-Meuble, et Neptune d'eau douce,

» On veut, pour vous apprendre un pénible métier,

» Comme Pierre-le-Grand, vous placer au chantier.

» Vous frémissez, Messieurs; mais j'ai dû vous le dire,

» L'infatigable droite incessamment conspire;

» On nous accuse tous : pourtant, de bonne foi,

» Que peut-on reprocher aux conseillers du Roi?

» Depuis près de douze ans quel autre ministère

» Se montra plus que moi constamment populaire?

» Dois-je vous retracer tous les faits éclatans

» Qui de mon règne heureux ont illustré le temps?

» J'ai, pour donner le calme à l'Espagne alarmée,

» En cordon sanitaire alongé mon armée,

» Et si les Castillans ont reconquis leur roi,

» Leurs couvens, leur misère, ils le doivent à moi;

» C'est moi qui pour sept ans signant vos priviléges,

» Ai dressé mes préfets à former ces colléges

» Où, pour être assuré de l'effet du scrutin,

» Le nom du candidat est inscrit de ma main.

» La Chambre a, par mes soins, accordé sans scandale

» Un large milliard à la faim féodale.

» Rothschild a fait jaillir de mon cerveau pensant,

» Sur les débris du cinq, l'illustre trois pour cent.

» L'État n'a plus besoin d'une armée aguerrie;

» Aussi n'ai-je songé qu'à ma gendarmerie;

» Ces braves cavaliers, par nombreux régimens,

» Inondent tout Paris et les départemens;

» J'ai donné sans regret à ces soutiens du trône

» Le cheval andaloux et la culotte jaune.

» Sous le feu roi Louis, comme sous Charles-Dix,

» J'ai peuplé mes bureaux de maigres cadédis;

» Vous avez vu placer, grâce à mes apostilles,

» Les plus bas rejetons de vos nobles familles.

» Par l'organe pieux de mon garde-des-sceaux,

» J'ai remis au clergé la hache et les faisceaux.

» L'Église, avant mon règne, expirait de famine;

» Quel prélat aujourd'hui n'a son chef de cuisine,

» Et dans son diocèse apôtre bien dodu,

» Ne peut se promener en un char suspendu?

» Bien plus, à Loyola rendant ses confréries,

» J'ai glissé ses suppôts jusques aux Tuileries.

» J'ai tout sacrifié pour leur plaire; Tharin

» Est chargé d'élever le futur souverain,

» Et pliant à leur goût mon humeur indocile,

» Au pan de mon habit j'ai cousu Renneville [6].

» Passons à l'étranger. Mon ministre à Madrid

» Prohibe nos auteurs dans le pays du Cid;

» Par un ambassadeur ma suprême Excellence

» Traite avec Metternich de puissance à puissance;

» Au bord de la Newa Marmont expédié

» Est reçu par le Czar comme un vieil allié.

» Pour plaire à Mohamed, d'une large coiffure

» J'ai chargé quelquefois mon étique figure,

» Et les cent officiers vers Memphis envoyés

» Par mon trésor royal sont les premiers payés.

» Mes bienfaits ont séduit les enfans du Prophète;

» Cinquante jeunes Turcs arrivés de Rosette,

» Entrant dans Saint-Acheul comme dans un sérail,

» Du friand Loriquet vont peupler le bercail [7].

» Aux chantiers marseillais les charpentiers jésuites

» Lancent pour Ibrahim des frégates construites;

» Et si des Levantins le commerce a langui,

» En revanche, Messieurs, j'ai pris Missolonghi !

» Voilà ce que j'ai fait, voilà tout mon ouvrage :

» Je sais qu'un peu d'orgueil perce dans ce langage;

» Mais quand dans son honneur on se voit insulté,

» Certes, la modestie est une lâcheté.

» Maintenant, dites-moi, ces censeurs frénétiques,

» Qui vomissent partout leurs noires philippiques

» Contre le ministère et contre ses élus,

» S'ils eussent gouverné, qu'eussent-ils fait de plus ?

» Je vois que ce récit en secret vous attère,

» Que vous avez des cœurs voués au ministère :

» Eh bien ! jurez-moi tous, jurez, les bras levés,

» Que ces bras généreux, pour moi seuls réservés,

» Près de moi formeront un mur impénétrable,

» Que vous aurez au camp la même ardeur qu'à table,

» Et que dans les combats votre zèle affermi,

» Ainsi que sur les bancs domptera l'ennemi. »

Pendant que cette voix vibrait à leurs oreilles,

Le champagne versé dans les coupes vermeilles,

Le moka chaleureux, le kirsch de Neufchâtel,

Exaltaient les soutiens du trône et de l'autel.

Ils se levèrent tous : en voyant leur figure,

On eût dit qu'ils allaient demander la clôture.

Debout, le regard fier, les bras levés aux cieux :

« Oui, nous le jurons tous, Ministre gracieux;

» Par tes pénates d'or, par ta noble éloquence,

» Par ces riches banquets où tu manges la France,

» Nous jurons d'asservir ces membres révoltés

» Qui du ventre absolu bravent les volontés.

» S'il faut les attaquer aux plaines de Grenelle,

» Marchons; notre devise est : *Montjoie et Villèle!*

» Fais briller pour signal, à nos yeux satisfaits,

» Ton porte-feuille rouge au donjon du palais [8]. »

Lors Martignac se lève; au valet en livrée [9]

Il demande sa lyre avec de l'eau sucrée,

Et de la même voix qui module un rapport,

Jusqu'à l'hymne lyrique il guinde son transport.

Près des royales Tuileries,
Voyez-vous ce vaste palais,
Et ces pompeuses galeries
Où veillent des Suisses-Français?
Que de fenêtres, que de salles,
De cours, d'escaliers en spirales!
C'est le labyrinthe crétois,
Où loge un petit Minotaure
Dont la dent terrible dévore
Et notre fortune et nos lois.

Quand Dieu, par une route aisée,
Fera-t-il tomber dans ces lieux
Quelque monarchique Thésée
Qui sortira victorieux?
Faut-il que cet affreux dédale
Soit notre prison sépulcrale?
Et nos fils, couverts de lambeaux,
Sont-ils par un destin atroce
Contraints de le voir en carrosse
Se promener sur nos tombeaux?

CHANT PREMIER.

Ainsi, dans leur plainte frivole,
Quelques novateurs factieux
Veulent arracher l'auréole
A l'élu du prince et des cieux;
Mais le géant, fils de Toulouse,
Ne craint pas cette voix jalouse;
Près du trône il trouve un appui,
Et, fier de la faveur suprême,
Il rit de l'obscur anathême
Que la France jette sur lui.

O vous, banquiers israélites,
Qui sous vos pieds foulez la croix,
Qui de tant d'augustes faillites
Avez souvent sauvé les rois,
Protégez la race gasconne
Contre les caprices du trône,
Contre les bulles de l'autel;
Dans votre caisse fraternelle
Enfermez le noble Villèle;
C'est votre frère en Israël.

Si l'astre de sinistre allure
Qu'Arago voit sur l'horizon,
Par un jeu de sa chevelure
Changeait notre globe en tison,
Villèle, incrusté sur sa place,
Serait l'homme juste qu'Horace
Nous peint si calme dans ses vers;
Et, narguant la comète errante,
Il coterait encor la rente
Sur les débris de l'univers.

CHANT DEUXIÈME.

ARGUMENT.

L'armée ministérielle se rassemble au palais Rivoli ; elle est passée en revue par Peyronnet. — Itinéraire de l'armée. — Par les conseils de Chabrol, ils suivent la rive gauche du fleuve. — Ils sont en présence des ennemis. — Villèle leur députe deux ambassadeurs pour les engager à rentrer dans le devoir. — Dénombrement de l'armée alliée. — Réponse laconique de Labourdonnaye. — Message inutile. — On se prépare au passage de la Seine.

Chant Deuxième.

—

Le soleil, s'élançant aux voûtes éternelles,

De la vieille Cité dorait les tours jumelles;

Le faubourg d'outre-Seine et le quartier d'Antin

Savouraient mollement le sommeil du matin.

Dans son palais désert le grand ministre veille;

Mais ses ventrus, chargés des vapeurs de la veille,

S'avancent lentement les yeux clos à demi,

Dans chaque marronnier voyant un ennemi,

Et maudissant tout bas cette ardeur si guerrière

Qui les porta trop loin pendant la nuit dernière.

A peine sur la place et sous les longs arceaux

Se sont-ils rassemblés, que le garde-des-sceaux [1],

Le fleuret à la main, la toge retroussée,

Lisant l'ordre du jour d'une voix cadencée,

Nivelle ses soldats, les serre en bataillon;

Frayssinous les bénit avec son goupillon,

Et, la Bible à la main, un héraut leur rappelle

Le terrible serment qu'ils ont fait à Villèle.

Mais Villèle se montre assis sur un pavois;

Il exhorte les siens du geste et de la voix,

Leur promet cent dîners, ou leur prix en monnaie,

S'ils peuvent, vif ou mort, happer Labourdonnaye.

Ils partent : leur gaîté s'évapore en éclats;

Le pavé Rivoli tremble au loin sous leurs pas.

Ravez ouvre la marche; en guise de trompette,

L'éternel président fait sonner sa sonnette [2];

Et l'inégal Roger, par des chants belliqueux [3],

Semble un autre Tyrtée, et s'avance avec eux.

L'armée a tressailli d'un élan électrique;

Elle longe la rue en foule symétrique,

Laisse le Garde-Meuble où gouverne Chabrol,

Et tournant vers la gauche, elle foule le sol

Que, pour éterniser une lugubre histoire,

Mont-Rouge va charger d'un marbre expiatoire [4].

Ils allaient s'avancer sur ce pont régulier

Qui porte nos Solons au sénat roturier,

Quand Chabrol : « Arrêtez, laissons là ce passage,

» Joignons en ce grand jour la prudence au courage;

» Songez que les ligueurs, par leurs nombreux partis,

» Seraient de notre marche à l'instant avertis.

» D'autres routes par moi vont vous être tracées;

» J'ai là mon intendant des ponts et des chaussées :

» Il connaît son métier ; par son heureux secours,

» Je puis improviser quatre ponts en deux jours,

» Et grâce à mon trident, je veux qu'à l'autre rive,

» Sans pleurer un soldat, toute l'armée arrive. »

D'un bravo général Chabrol est accueilli ;

Ainsi gardant toujours la rive de Neuilly,

Ils évitent ce pont que le nouveau régime

A paré gauchement d'un chiffre légitime,

Et découvrent bientôt sur le bord opposé

Tout le camp des Ultras en carré disposé.

Debout sur son pavois, comme une Renommée,

Villèle fait héler tous les chefs de l'armée ;

Ils accourent tremblans. « Compagnons, leur dit-il,

» De la Seine en courroux ne troublons point le fil,

» Bientôt vous déploîrez votre mâle courage ;

» Mais avant de tenter ce glorieux passage,

» Pour épargner le sang, il faut que Martignac

» De Gaudiche suivi, parte et passe le bac [5];

» L'olivier à la main, que mon parlementaire

» Transmette à ces ingrats des paroles de père;

» Car, malgré leurs erreurs et leurs dédains amers,

» Je l'avoûrai, Messieurs, ils me sont toujours chers. »

Il dit : par de longs cris la nombreuse audience

Exalta jusqu'aux cieux sa sublime clémence,

Et ces pieux soldats, à la douleur livrés,

Plaignirent un moment leurs frères égarés.

Martignac s'inclina; le commis de Corbière,

Ravi d'un tel honneur, fit un bond en arrière,

Et refoulant le flot sous leurs pieds hasardeux

Au rivage voisin ils arrivent tous deux.

A peine ont-ils pressé l'herbe de l'autre rive,

Qu'au premier avant-poste ils entendent *qui vive!*

« Voyez, dit Martignac, ce feuillage de paix ;

» A travers votre camp qu'on m'ouvre un libre accès ;

» Je veux être introduit comme parlementaire,

» Car je porte à vos chefs des paroles de père. »

Il se tait : à ces mots un long rire moqueur

S'élève dans le camp et se prolonge en chœur.

Gaudiche qui jugeait des faits par le prélude,

Regrette des bouquins la douce solitude ;

Plein d'un trouble secret il se signe trois fois.

« De hérauts tels que vous nous respectons les droits,

» Leur dit-on. Vers le chef un envoyé fidèle

» Va de votre arrivée annoncer la nouvelle ;

» Celui qui nous commande est campé loin d'ici ;

» Nuit et jour occupé sur les hauteurs d'Issy,

» Il consulte la carte, et de sa longue vue

» De la campagne au loin explore l'étendue.

» Avant qu'en sa présence il vous fasse appeler,

» Vous pouvez librement réfléchir et parler. »

CHANT DEUXIEME.

Cependant tous les chefs, le front parfumé d'ambre,

Dormaient sur le gazon comme on dort à la Chambre;

Les deux héros veillaient, et d'un œil attentif

Parcouraient tout ce camp à cette heure inactif.

Gaudiche, curieux, interroge son maître

Sur les noms des guerriers qu'il brûle de connaître :

« Quel est dans ce recoin ce chevalier qui dort,

Appuyé sur le fer d'un large coffre-fort?

Son ame tout entière y paraît renfermée.

— C'est Sanlot-Baguenault, le questeur de l'armée;

C'est lui qui soutenant les ultras aux abois

Ravive l'*Aristarque* expirant chaque mois [6].

Plus loin rêve Bonnet, fameux par un mémoire;

Long-temps blanche sa boule a pris la couleur noire.

Remarque dans ce groupe auprès d'eux rassemblé

Féligonde et Gazan qui n'ont jamais parlé;

Reconnais bien surtout à son visage austère

Mirandol, contempteur des dons du ministére.

—Et ce fier combattant, qui sur son écu noir

Étale une tiare et deux clefs en sautoir?

—C'est Berthier, député de la Seine et du Tibre :

Sa vigueur de la droite entretient l'équilibre,

Et d'un projet de loi quand il fait l'examen,

Il se signe à l'exorde et finit par *amen.*

Vertueux député! si jamais tu composes

Des vers assaisonnés d'encens, d'ail et de roses,

Tu seras Marcellus 7!... » Gaudiche s'attendrit,

Et séchant une larme, en ces mots il reprit :

« Mais quel est ce guerrier de qui la queue énorme

Charge le collet bleu d'un superbe uniforme,

Et dont la blanche poudre imprégnée avec soin

S'évapore en nuage et l'annonce de loin?

—Tu vois le colonel d'une cohorte urbaine,

Coupigny, que Boulogne envoya vers la Seine;

Sans haine contre nous, il habite avec eux;

Malgré son air guerrier il est peu belliqueux.

CHANT DEUXIÈME.

Garde-toi par les traits de juger du courage,

L'ame d'un député n'est point sur son visage;

Qui dirait en voyant ce teint hâve et flétri,

Ce corps frêle et tremblant, par la guerre amaigri,

Que de nos ennemis c'est le plus redoutable?

Quel bras peut museler ce lion indomptable?

Villèle est effrayé de ses rugissemens;

Par ses amendemens et sous-amendemens

Il combat : près de l'urne il tient la boule noire,

Et jamais sans honneur ne cède la victoire.

Ce guerrier près de lui qui gronde en sommeillant,

Est le frère et l'ami de ce rude assaillant;

Le bruit de leurs exploits lasse la Renommée,

Ce sont les Grénédans, les Ajax de l'armée.

De Coussergue, après eux, se distingue à son tour;

Et tant qu'un porte-feuille, envoyé par la cour,

N'aura pas adouci sa pétulante emphase,

Tout ministre pour lui sera toujours Decaze [8].

— Pouvez-vous me nommer cet essaim d'ennemis

Qui semblent en parlant s'être tous endormis?

— Je les connais ; cent fois affrontant leur audace,

J'ai contre eux au Sénat combattu face à face.

Je vois d'abord Delpit ; un collége en défaut

Conquit en sa personne un autre Delalot [9] ;

Puis vient Kerouvriou, présent du Finistère,

Dont le vote a trompé l'espoir du ministère ;

Figarol, qui long-temps illustré parmi nous,

A la fin se lassa de plier les genoux,

Et des nouveaux ligueurs arbora la bannière.

Je reconnais plus loin le fougueux Lézardière,

Bouthillier, Bellemare, élus du Calvados :

Dans le camp de Condé jadis ces deux héros,

La hallebarde au poing, signalèrent... » Gaudiche

Arrête Martignac tout court à l'hémistiche :

« Suspendez ce discours, dit-il, voilà l'huissier

» Affublé de rubans et de chaînes d'acier.

» L'orgueil de son état dans ses regards s'annonce ;

» Je crois que de son maître il porte la réponse. »

Gaudiche avait bien vu ; le hardi messager,

Sur le gazon fleuri volant d'un pied léger,

Va droit à Martignac, et lui remet sa lettre.

On y lisait ces mots : « Dites à votre maître

» Que notre cœur altier ne s'est point amolli ;

» Je coucherai demain à l'hôtel Rivoli. »

« Je le reconnais là, ce chef de l'*Aristarque*,

» Dit Martignac ; fuyons, regagnons notre barque. »

Il dit, et secouant par un geste hautain

Les pans d'un frac d'azur rassemblés dans sa main :

« Vous voulez donc la guerre, insensés que vous êtes ?

» La voilà ! que ses maux retombent sur vos têtes ! »

Ils partent : sous l'esquif l'eau du fleuve a blanchi,

Et du rivage au camp le chemin est franchi.

A peine dans ce camp l'active Renommée
Du message inutile eut avisé l'armée,
Que Villèle, indiquant le passage des eaux,
A ses fiers lieutenans ouvre ses arsenaux.
Chabrol court haranguer les marins de sa garde,
Peyronnet d'un fleuret fait raffermir la garde,
De lourds in-folio Corbière se munit,
Comme aumonier du camp, Frayssinous les bénit.
Tout s'apprête à marcher au cri : Vive Villèle !
Et l'écho de Passy redit : Vive Villèle !

CHANT TROISIÈME.

ARGUMENT.

Derniers préparatifs pour le passage du fleuve. — Nouveaux auxiliaires. — Des prodiges se manifestent sur la Seine. — Grande fantasmagorie. — Des lutins se montrent; le cachalot du Jardin-des-Plantes; M. Cuvier. — Le fantôme d'un rentier apparaît à Villèle; discours du fantôme. — Démon familier de Villèle. — Évocation de l'abbé Terray. — Rothschild est transporté de Londres à Paris. — L'ombre de Palinure est apaisée. — Dissertation des savans de l'Institut sur ce phénomène. — Les prodiges disparaissent.

Chant Troisième.

—

Le camp s'est rassemblé; les soutiens du pouvoir

Foulent les bords du fleuve étonnés de les voir;

Ils s'avancent sans bruit, commandés par Corbière :

Leur troupe se festonne en ligne irrégulière ;

Ils n'ont pu se former à mesurer leurs pas.

L'œil distingue d'abord, à l'air de ces soldats,

Qu'ils n'ont jamais des camps entendu le murmure ;
Kercaradec se plaint du poids de son armure,
Et le lourd Sesmaisons, gêné dans son pourpoint,
De son ventre sphérique accuse l'embonpoint.
C'est là le corps d'armée : aux flancs de cette masse
Un gros de partisans escadronne avec grâce ;
Derrière un transparent, formé de ces vitraux
Qui du journal du soir indiquent les bureaux,
Marchent les abonnés de l'*Étoile ;* à leur tête,
Genoude, au *champ de gueule,* à la brillante aigrette [1],
Au casque de *pourfil,* grotesquement *taré.*
Des commis de bureau le bataillon sacré,
Portant pour étendard une plume de cygne,
Sur trois rangs de hauteur forme une épaisse ligne.
Le thermomètre en main, arrivent à grands cris
Les cinquante abonnés du *Journal de Paris ;*
Le prote de Pillet, personne fort discrète [2],
Seul homme de Paris qui lise *la Gazette,*

S'avance le dernier, triste, croisant les bras,

Appelant des lecteurs qui ne se montrent pas.

Le signal est donné d'abandonner la grève;

Tout-à-coup un brouillard du sein des eaux s'élève;

Il s'étend sur le fleuve et dérobe à leurs yeux

Le camp des ennemis, et la rive, et les cieux.

Une lueur blafarde apparaît; ô prodige!

Parmi ces feux errans, sur le fleuve voltige

De spectres, de lutins un essaim infernal,

Dansant à la clarté du rougeâtre fanal.

Jusque sur les soldats ces bandes entraînées

S'avançaient; et de là, de leurs mains décharnées,

Ils désignaient Villèle, et disaient en passant :

« Adieu, Villèle, adieu, j'ai pris du trois pour cent; »

Et de leur sein partaient de longs éclats de rire,

Tels qu'en pousse Talma dans ses jours de délire.

Le Ventre s'agenouille, et tous les chapelains

Jettent des torrens d'eau sur ces esprits malins;

Le dévot Frayssinous, ouvrant son catéchisme,

Entonne en faux-bourdon l'hymne de l'exorcisme;

Mais loin de s'effacer, en agitant leurs os,

Les spectres répétaient son *exorciso vos*.

Au même instant, du sein de ces ombres funèbres,

Surgit un cétacée aux immenses vertèbres,

De ses chairs dépouillé, spectre d'un cachalot,

Tel que l'eût disséqué le crayon de Callot;

Il se meut lentement, et la masse animée

De sa charpente osseuse épouvante l'armée.

Cuvier est appelé pour classer l'animal :

Il arrive aussitôt du quartier-général.

« Oui, dit-il, c'est bien là le Cachalot momie [3]

» Qui décore si bien ma cour d'anatomie,

» Et voilà l'écriteau qu'en fort mauvais latin

» Sur son dos vermoulu j'ai cloué ce matin.

» On ne peut expliquer un pareil phénomène;

» Mais je crains que bientôt mes côtes de baleine,

» Et mon vaste Mammouth, fabriqué de ma main,

» N'arrivent en ce lieu par le même chemin. »

Le discours de Cuvier épouvante Villèle;

Il s'éloigne, suivi de sa garde fidèle,

Rentre au fond de sa tente, et, seul dans ce manoir,

Il médite en secret sur ce qu'il vient de voir.

Un léger frôlement dans la tapisserie

Du héros en stupeur suspend la rêverie.

Un spectre est près de lui, hideux, déguenillé,

Traînant avec effort un suaire mouillé;

Il s'approche d'un siége et s'assied : sur sa nuque

Tombent les crins blanchis d'une ombre de perruque,

Et sa débile main semble tenir encor

Les restes d'un vieux jonc dont la pomme fut d'or.

***

« D'où viens-tu? — De Meudon, où je dors sur la dure.

» — Ton état? — Ex-rentier. — Et ton nom? — Palinure.

» — Parle, je plains tes maux, fantôme désolé ;

» Qu'exiges-tu de moi ? — Mon malheur est comblé ;

» Je logeais au Marais, douce et belle retraite,

» Où s'écoulait sans bruit ma vieillesse inquiète ;

» De minces revenus placés sur le trésor,

» Tranquille, je vivais, et je vivrais encor,

» Si de ta triste loi la secousse funeste

» N'eût d'une humble fortune anéanti le reste.

» Le désespoir me prit ; du pont de la Cité

» Je me suis l'autre soir à jeun précipité ;

» Et mon corps expirant, charié par la Seine,

» Depuis gît sans honneur étendu sur l'arène.

» Près de l'île Séguin, rivage fortuné,

» Que la nature et l'art ont de fleurs couronné,

» Je languis ; vainement, d'une voix épuisée,

» Je demande une tombe à mes os refusée ;

» Loin de faire pitié, dimanche, j'ai fait peur

» Aux deux cents passagers de la barque à vapeur.

» Ne sois pas insensible au cri de la nature,

» O Villèle! à mon corps donne la sépulture;

» Sinon, errant sans fin sur les deux élémens,

» Je te fatiguerai de mes gémissemens.

» Sur le bord opposé vainement tes phalanges

» Tenteront d'aborder; des prodiges étranges

» A toute heure, en tous lieux paraîtront sur tes pas,

» Et glaceront d'horreur tes chefs et tes soldats.

» Ma puissance, sans fruit, est par toi combattue;

» D'Hermès à me chasser vainement s'évertue;

» Et quant à ce Cuvier, commissaire du roi,

» Qui dissèque tes plans et défendit ta loi,

» Pénitent huguenot qui porte un scapulaire,

» Et néglige ses ours et ses os pour te plaire,

» Qu'il soit pétrifié!... Des spectres, mes amis,

» Rentiers suicidés, à mes ordres soumis,

» Ont poussé jusqu'ici, pour punir son audace,

» Du royal Cachalot la hideuse carcasse.

» Il faut, pour apaiser mon fantôme irrité,

» Que toi-même aujourd'hui, de Rothschild assisté,

» Tu viennes à mon ombre errante et désolée,

» Élever sur la grève un humble mausolée.

» Mais quoi! tu ne dis mot, tu parais abattu?

» — Ombre chère et terrible, hélas! qu'exiges-tu?

» Je veux bien t'accorder un sépulcre honorable;

» Mais Rothschild peut-il être à tes vœux favorable?

» Séparé loin de nous par l'humide élément,

» Dans Londre avec Canning il dîne en ce moment;

» Palinure, demande une chose possible,

» J'obéis. — Il le faut, dit le spectre inflexible;

» Use de ton pouvoir, évoque à haute voix

» Cet esprit familier qui tremble sous tes lois [4];

» Celui qui te porta sous la hutte des nègres,

» Qui donnant la fraîcheur à tes traits secs et maigres,

» Sous un toit de bambous, dans ton île Bourbon,

» Embrasa de tes feux la fille de Panon [5];

» Celui qui, pour flatter l'orgueil de ton épouse,

» Te fit représentant et maire de Toulouse;

» Qui depuis t'installa sur ce banc mutiné

» Où l'on livre au pouvoir un combat acharné,

» Et qui ceignant ton front d'une riche auréole,

» Pour ta divinité bâtit un capitole :

» Dans ce moment pressant invoque son secours ! »

Il dit : sur le plancher Villèle fait trois tours,

Ouvre la Bible sainte, et d'une main profane

Jette dans un réchaud trois lambeaux de soutane;

Le feu brille : aussitôt se tournant vers le sud,

Il marmonne tout bas quelques mots du Talmud;

« Abbé Terray, parais, » dit-il d'une voix haute [6]....

A peine a-t-il parlé que le spectre en calotte

Se montre : « Que veux-tu, père du trois pour cinq?

— Apporte-moi Rothschild ; il dîne avec Canning.

— J'obéis. » Le héros, l'ame encore interdite,

Se retourne : ô prodige ! il voit l'Israélite,

La serviette à la main, en frac de colonel,

Tel qu'on le vit à Reims dans un jour solennel.

Ils sortent précédés du spectre qui les guide;

Déjà devers Meudon, sur le rivage humide,

Ils découvrent les os du squelette bourgeois,

Et Villèle a pleuré pour la première fois.

« Voilà, dit-il, le fruit des discordes civiles,

O Rothschild ! que ne puis-je, éloigné de nos villes,

Sur ces beaux lieux, enflant de rustiques pipeaux,

La houlette à la main, conduire mes troupeaux,

Et dans ces bois fleuris où l'ame se recueille,

Aux rameaux d'un cyprès pendre mon porte-feuille ! »

Vœux perdus dans les airs ! le banquier circoncis

Arrache le héros à ces tristes soucis :

« Ah ! bannis, lui dit-il, une plainte insensée,

CHANT TROISIÈME.

» A des soins plus pressans donnons notre pensée;

» Prends ces bons des Cortès dans ma poche vieillis;

» Dresse un bûcher; ces os par nos mains recueillis,

» Consumés à l'instant par une flamme active,

» Rendront la douce paix à cette ombre plaintive. »

Il dit, et sa voix aigre entonne un psaume hébreu;

Il dépose en pleurant dans le cadre de feu

Du malheureux rentier la dépouille chrétienne 7.

A la voix de Rothschild Villèle unit la sienne,

Et recueille, en faussant un cantique latin,

La cendre, tiède encor, dans une urne à scrutin.

Douloureux monument! funèbre promontoire!

On voit encor de loin ta pierre expiatoire;

Le nocher te salue, et sur la poupe assis,

La nuit, aux passagers fait ces tristes récits!

Pendant que les héros dressaient le sarcophage,

Sur le bord opposé voilé par le nuage,

Le fier Labourdonnaye, ennemi du retard,

Contemplait, étonné, le magique brouillard

Qui, couvrant seulement cet endroit de la Seine,

Aux rayons du soleil abandonnait la plaine.

Il faut d'un pareil fait dresser procès-verbal;

Trois savans sont mandés de l'Institut royal,

Physiciens jurés, doctes par ordonnance.

Le trio près du bord s'établit en séance.

« Seigneur, ce noir brouillard qui te glace d'horreur,

» Est d'un fléau plus grand le signe avant-coureur;

» Le vieux Pline, debout sur le cap de Mysène [8],

» Nous dit qu'il observa le même phénomène,

» Avant qu'eût éclaté le Vésuve en courroux.

» De ce qu'on voit ici la cause est près de nous;

» D'un gaz séditieux la vapeur condensée,

» Dans ses grands réservoirs avec force pressée,

» Fermente, et s'échappant de sa prison d'airain,

» Arrive jusqu'ici par un long souterrain ;

» Et le septième jour une lave enflammée,

» De ses liquides feux inondera l'armée :

» Ce que nous affirmons au nom de l'Institut. »

Pendant qu'ils affirmaient, le brouillard disparut.

CHANT QUATRIÈME.

ARGUMENT.

L'armée ministérielle traverse la Seine; elle commence à plier. — Les jésuites de Mont-Rouge viennent au secours de Villèle. — Le combat change de face. — Villèle en personne passe le fleuve. — Combat singulier de ce héros et de Labourdonnaye. — Déroute complète des rebelles. — Labourdonnaye rallie les fuyards; discours qu'il leur adresse.

Chant Quatrième.

—

Muse, quel fut celui qui, bouillant d'un beau zèle,
S'élança le premier des tentes de Villèle?
Ce fut toi, Peyronnet! Les Gascons, à ta voix,
Fendent les flots tremblans sous un si noble poids.
Villèle, en les voyant s'élancer à la nage,
Se plaint de sa grandeur qui l'attache au rivage;

Chillaud la Rigaudie, à sa droite placé [1],

Accuse à haute voix les ans qui l'ont glacé ;

C'est le Nestor du camp. « Ah ! si quelque ordonnance

» Me rendait, disait-il, ma verte adolescence,

» Qu'avec plaisir j'irais au milieu des combats

» Entraîner après moi l'ardeur de ces soldats ! »

Sur les pas des Gascons, les héros gastronomes

S'avancent gravement en braves gentilshommes ;

Leur ventre, qui sur terre est un pesant fardeau,

Les soutient sur le fleuve et leur sert de radeau.

Sur le bord opposé, les troupes inquiètes

En forme de redoute entassent des banquettes ;

Le fier Labourdonnaye et les deux Duplessis

Se distinguent de loin à leur tribune assis :

De là, sur tout le camp tonne leur voix guerrière ;

Coussergue à leurs côtés agite sa bannière ;

Le champ en est d'azur, et l'on voit au milieu :

Vive le Roi, quand même ! écrit en traits de feu.

CHANT QUATRIÈME.

Non loin on aperçoit, surveillés par leurs maîtres,

Du vieux moustier d'Issy les jésuites champêtres [2] :

Pour la première fois au combat entraînés,

Ces précoces guerriers sont bien disciplinés.

Deux frères correcteurs, pédantesques Alcides,

Marchent le fouet en main comme des Euménides :

Du dévot Saint-Acheul, aux passe-temps si doux,

Ils avaient fui, chassés par des maîtres jaloux

Qui les avaient surpris près de leurs néophytes,

De leur emploi secret reculant les limites ;

Issy, plus tolérant, daigna les recueillir.

Cependant, sur le point de se voir assaillir,

Le chef parcourt les rangs, donne partout l'alerte.

« L'ordre du jour est lu, la séance est ouverte :

» Feu ! » dit-il. A l'instant de ces rangs épaissis

Pleuvent sur les nageurs des globules noircis ;

Deux redoutes, aux flancs, sur l'armée aquatique,

Lancent en feux croisés la mitraille élastique.

Dans les rangs ennemis plus d'un brave est atteint ;

Sous ces coups meurtriers tout le centre se plaint ;

On accuse Villèle, et, par un long murmure,

Les Ventrus mutinés demandent la clôture.

D'Hermès, d'un parasol vainement ombragé,

Oublieux de son rang, s'enfuit découragé ;

Chabrol, sur son radeau que la vague balance [3],

Atteint du mal de mer, regagne l'ambulance.

Vers Villèle, aussitôt, un exprès envoyé

Lui dit en bégayant que sa garde a ployé ;

Que l'air est obscurci par des boules sans nombre....

« Tant mieux, répond le chef, nous combattrons à l'ombre

» Retournez au combat ; moi-même, auprès de vous,

» Je vais forcer le ciel à combattre pour nous ;

» Vous, courez vers Paris, dit-il à Renneville ;

» Que Chappe au même instant à mes ordres docile,

» Forçant le télégraphe à sa garde commis,

» De ce péril extrême instruise nos amis. »

Renneville obéit; l'impassible machine

En forme de serpent lentement se dessine;

Et le muet signal par les yeux entendu

Aux tours de Saint-Sulpice est aussitôt rendu.

Au même instant on voit accourir hors d'haleine,

Du Mont-Valérien qui domine la plaine,

Des jésuites en frac, en soutane, en haillons;

Mont-Rouge a déchaîné tous ses noirs bataillons;

Bonald est à leur tête, entouré de nuages,

Comme le vieux Moïse, ou comme ses ouvrages.

« Soyons humains, dit-il; en ce jour solennel,

» Donnons à l'ennemi son juge naturel;

» De Maistre m'a laissé son glaive catholique;

» Pour le rendre au Seigneur immolons l'hérétique;

» Frappons. » Ainsi parlait le jésuite écrivain,

La foule répétait l'anathême romain;

On distinguait surtout dans le sombre cortége

Maccarthy, Salinis, aumônier de collége;

Sainte, abbé renégat que Mont-Rouge a béni;

L'astucieux Ronsin, le comte O'Mahoni,

Jésuite émancipé, catholique d'Irlande....

D'autres chefs s'agitaient en tête de leur bande,

Et sur leur étendard brillaient en lettres d'or

Ces mots sacrés : *Jesus hominum salvator* 4!

A l'aspect du secours que le ciel leur envoie,

Les Ventrus ranimés poussent des cris de joie;

Leur bras qui mollissait est soudain raffermi,

Et tandis que de front ils chargent l'ennemi,

Les fils de Loyola, béats auxiliaires,

Suivant leurs anciens us, tombent sur les derrières.

Bientôt Labourdonnaye, attentif au combat,

S'aperçoit que des siens le courage s'abat;

Il élève trois fois sa voix forte et sonore,

Et trois fois dispersés il les rallie encore ;

Mais d'un nouvel effroi leur esprit est glacé ;

Le bruit s'est répandu que Villèle a passé :

En effet, le héros que Mont-Rouge seconde,

Sur son grand porte-feuille avait traversé l'onde,

Escorté de commis et de Ventrus gloutons

Qui bondissaient autour comme de vieux Tritons.

A l'aspect imprévu de ce nouveau Neptune,

Les fougueux Grénédans ont quitté la tribune.

« Arrêtez, dit le chef, modérez ce courroux,

» Assez d'autres guerriers s'offriront à vos coups ;

» Villèle m'appartient, laissez-moi cette gloire. »

A ces mots il saisit l'énorme boule noire,

Honorable présent qu'un monarque africain

Pour l'offrir au héros façonna de sa main,

Quand aux bords de Tunis un messager fidèle

De Manuel exclu proclama la nouvelle.

L'œil distinguait sans peine, en cet espace étroit,

Les membres de la gauche et ceux du côté droit;

L'artiste ingénieux sur ce globe fragile

Avait représenté le tribun indocile,

Sur son banc glorieux cerné par des spahis,

Et chassé du sénat pour l'honneur du pays.

Le héros a saisi le projectile immense,

Dans ses puissantes mains trois fois il le balance,

Autour d'eux sont rangés les muets combattans;

D'un féroce regard il le vise, et long-temps

Il mesure son coup; Villèle qui s'efface

A l'œil de son rival n'offre aucune surface;

C'est une illusion en frac fleurdelisé;

En vain son ennemi l'a-t-il si bien visé;

La lourde boule noire au sifflement sinistre

Vole, fend l'air et passe à deux pieds du ministre.

Le rebelle a pâli, tout son camp étonné

Sur le foudre impuissant jette un œil consterné :

CHANT QUATRIÈME.

C'est alors que Villèle a fixé la victoire,

Il laisse sur le sol rouler la boule noire,

Saisit des écus d'or dans un coffre entassés,

Et sur son ennemi les lance à coups pressés.

Tous les chefs du trésor, munis de hautes piles,

Dardent sur leurs rivaux les mêmes projectiles;

L'air en est obscurci, les Ultras à genoux

De la manne gasconne implorent tous les coups;

Plus de défense : en vain le fier Labourdonnaye

Leur a crié : « Laissez cette vile monnaie;

» A ce visir trompeur renvoyez ces besans [5];

» Amis, craignez les Turcs jusque dans leurs préseus. »

Inutiles efforts! le son de ces paroles

Cède au bruit argentin des brillantes pistoles,

Et, courbés sur le sol, ces avides soldats

Recueillent la mitraille et ne la rendent pas.

Sans le secours de Mars, c'est ainsi que Villèle

Battait, de son château, le Castillan rebelle,
Lorsqu'à l'Espagne sainte il rendait son doux roi,
Ses moines, sa misère et *ses actes de foi.*

A ces indignes soins partout on s'abandonne,
On ne se souvient plus de l'autel ni du trône;
Dans les rangs débandés, qu'ils foulent en tous sens,
Entrent à flots épais les Ventrus menaçans,
Tout fuit; et sans s'armer d'un courage inutile,
Vers le couvent d'Issy chacun cherche un asile;
Leur chef même, entraîné par ce grand mouvement,
Prend la fuite avec eux; mais il fuit lentement,
Comme un lion blessé qui, détournant la tête,
Fait même à ses vainqueurs redouter sa défaite.

Cependant les Ventrus, de leur gloire surpris,
Accordent le repos à leurs membres meurtris;
Mais seul de tous les siens l'implacable Villèle

Poursuit ses ennemis, les pousse, les harcelle,

Et craignant de laisser son triomphe imparfait,

Tant qu'il lui reste à faire il croit n'avoir rien fait;

Il goûte avec transport ce charme et cette gloire,

Que donne aux jeunes cœurs la première victoire,

Et cédant au démon qui dévore son sein,

Il veut jusques au bout accomplir son dessein.

Ce n'est plus ce banquier, à l'œil cave, au teint blême,

Flegmatique arrangeur des signes de Barême;

C'est Hector agitant sa torche au sein des eaux,

Et poursuivant les Grecs jusque sur leurs vaisseaux;

Il court, il vole, il veut prendre Labourdonnaye;

Mais près de le saisir, il hésite, il s'effraie....

Il voit dans un ravin à grands pas accourir

Des rôdeurs ennemis prêts à le découvrir;

Dans ce pressant danger le héros se recueille,

Sa main ouvre en tremblant son large porte-feuille,

Et pour se dérober au guerrier qu'il poursuit,

Il s'y loge à la hâte et s'y tapit sans bruit.

Des ligueurs cependant la troupe fugitive
Atteint du vieil Issy le portail en ogive;
Ils entrent; tous les chefs, dédaignant le sommeil,
Changent le réfectoire en salle de conseil.
Labourdonnaye arrive, on ouvre la séance,
Un signe de sa main commande le silence;
Tout se tait; il se lève, et d'un ton inspiré
Commence ce discours qu'il n'a pas préparé :

« Amis, vous le savez, cette grande journée
» D'un triomphe certain eût été couronnée,
» Villèle en ce moment serait à nos genoux,
» Si les fils de Mont-Rouge excités contre nous,
» Quand tout était perdu, n'eussent par leur présence
» Dans le camp des vaincus ranimé l'espérance.
» Je veux dès aujourd'hui, par des moyens pressans,

CHANT QUATRIÈME.

» Mettre dans mon parti ces alliés puissans;

» La Mennais l'a prédit, croyons-en ce grand homme,

» Jamais on ne vaincra Villèle qu'avec Rome.

» Par ce nouveau secours une fois raffermis,

» Nous battrons sans effort nos faibles ennemis;

» Déjà de cette guerre ils accusent leur maître;

» Ils suivront ma fortune, et prompts à se soumettre,

» M'offriront comme à lui leurs boules et leurs cœurs.

» Ah! s'ils ont pu servir par leurs votes vainqueurs

» Villèle, un hobereau des bords de la Garonne,

» Avare agioteur qui vend tout ce qu'il donne,

» De quelle noble ardeur, à l'heure du danger,

» Sous mes vieux étendards viendront-ils se ranger,

» Surtout si je promets à leur faim légitime

» Plus de biens qu'ils n'en ont sous le présent régime,

» Une paix indolente après tant de combats,

» Et des vins plus exquis et de plus longs repas!

» Demain, ou je succombe, ou sa fortune expire,

» Dans un dernier combat je hasarde l'empire;

» Aux premiers feux du jour je veux que nos vassaux

» Du palais de Villèle assiégent les arceaux ;

» Ils ne m'attendent pas ; d'ailleurs peuvent-ils croire

» Que fier après ma chute et bravant leur victoire,

» Au lieu de demander une honteuse paix

» J'aille les assaillir jusque dans leur palais?

» Vous cependant, guerriers, quittez le poids des armes,

» Du sommeil bienfaisant allez goûter les charmes,

» Je veillerai pour vous; dans l'immense Paris

» Je vais en ma faveur réchauffer les esprits,

» Et, l'*Aristarque* en main, recruter pour ma cause

» Les abonnés gratuits qui commentent ma prose;

» Et lorsque les clochers du vieux pays latin

» Annonceront en chœur trois heures du matin,

» A ce signal précis, que toute la milice

» Se trouve réunie auprès de Saint-Sulpice;

» J'y serai : vous verrez briller au premier rang
» Mon ardente Chimère et mon panache blanc. »

Il dit : et tout entier à sa grande entreprise,
Il vole vers Paris dans son char de remise.

CHANT CINQUIÈME.

ARGUMENT.

Villèle sort de son porte-feuille. — Alarmes dans le camp pendant son absence. — Villèle retourne parmi les siens; il ordonne des jeux funèbres; divers jeux expiatoires : l'écarté, le combat du chant. — Renneville et Moustiers. — Combat à l'arquebuse. — Frayssinous et Salaberry. — L'armée remonte la Seine et rentre au palais de Villèle.

Chant Cinquième.

Cependant le héros de l'hôtel Rivoli,

Dans son grand porte-feuille encore enseveli,

Examine la nuit, écoute le silence ;

Mais rien n'alarme plus sa craintive Excellence,

Tout est calme, et l'armée, et les vents, et les flots :

Sa première terreur fait rougir le héros ;

Pareil au nautonnier qui rit après l'orage,

L'absence du danger lui rend tout son courage,

Et du camp orphelin déplorant l'embarras,

Il s'y rend aussitôt sa prison sous le bras.

L'armée, en ce moment sur la rive assemblée,

Offrait à l'œil surpris l'aspect d'une mêlée;

Partout on entendait de lugubres accens,

De rougeâtres fanaux se croisaient en tous sens;

Son *Étoile* à la main, dans cette sombre plaine,

Genoude voltigeait en nocturne phalène;

Le soldat insensible à l'appât du butin,

Du héros prisonnier déplorait le destin,

Et mêlant des cyprès aux lauriers de la fête,

Maudissait la victoire autant qu'une défaite.

Dans ce deuil général les chefs même aux abois

Veulent calmer le peuple et demeurent sans voix;

Ravez seul, conservant sa force accoutumée,

CHANT CINQUIÈME.

Rassemble en un conseil les princes de l'armée,

Leur adresse un discours qui doit les stimuler,

Mais aucun orateur ne s'inscrit pour parler;

Dudon même cédant à la stupeur commune,

Sans oser y monter regarde la tribune;

Les uns, de leur victoire abandonnant le prix,

Méditent en secret de regagner Paris;

D'autres, de ce revers calculant l'avantage,

Du ministre défunt convoitent l'héritage,

Et nouveaux lieutenans d'un Alexandre mort,

Se partagent l'empire et le tirent au sort.

Mais ce coupable espoir comme un songe s'efface,

Villèle est apparu, tout a changé de face;

Que ne peut dans un camp un grand homme de plus!

Mille braves guerriers flottaient irrésolus;

La présence du chef, ô puissante magie!

Dans les cœurs chancelans rappelle l'énergie;

Il se montre aux soldats, radieux et serein,

Et pourtant dans son ame il couve un noir chagrin :

Hélas ! il sait trop bien que dans cette journée

La fleur de ses guerriers fut presque moissonnée ;

Il faut donc dénombrer ces victimes du sort ;

Martignac est commis pour ce triste rapport :

Il monte sur un siége, et suivant l'us antique,

Fait l'appel nominal par ordre alphabétique.

Dieux ! quels tristes accords de sanglots et de voix

De ces rangs éclaircis sortirent à la fois,

Quand à l'aide des noms demeurés sans réponse,

On eut de tant de morts la désastreuse annonce !

Jamais par de tels cris les Troyennes en deuil

Du palais de Priam n'ébranlèrent le seuil,

Quand du vaillant Hector la troupe repoussée

Fuyait devant les Grecs jusqu'aux portes de Scée.

Bien plus : pour augmenter l'horreur de cette nuit,

Un lugubre convoi dans le camp introduit,

De hurlemens plaintifs épouvanta la Seine :

CHANT CINQUIÈME.

A leurs voiles de deuil on reconnut sans peine

Les veuves des héros tombés dans ce grand jour,

De jeunes orphelins, fruit de leur chaste amour,

Des vierges qu'à l'autel attendait l'hyménée :

Tourbe errante, aux regrets sans retour condamnée!

Sitôt que dans Paris un triste bulletin,

Eut des guerriers défunts proclamé le destin,

Ils étaient accourus vers ces rives funestes,

Pour honorer du moins de déplorables restes......

Villèle s'attendrit; monté sur un pavois,

Il élève aussitôt sa consolante voix :

« Orphelins que la Parque a rendus mes pupilles,

» Veuves de ces héros, et vous, vierges nubiles,

» Ce deuil est légitime, il doit vous honorer,

» *Loin de blâmer vos pleurs, je suis prêt à pleurer;*

» Mais plus tard la douleur deviendrait criminelle,

» Les dieux s'irriteraient d'une plainte éternelle;

» Ces héros ne sont plus, c'est le sort des humains [1]. »

Alors levant aux cieux ses paternelles mains :

« Heureux, trois fois heureux, ces guerriers magnanimes

» Que le fleuve irrité roule dans ses abîmes !

» Ils ont péri pour moi, leur sort est assez beau ;

» Mais pour les réjouir dans la nuit du tombeau,

» Je veux, accomplissant une œuvre méritoire,

» Par de funèbres jeux honorer leur mémoire ;

» Puissent ces jeux guerriers des Grecs renouvelés

» Apporter un doux calme à vos cœurs désolés ! »

Et la foule à ces mots déjà moins affligée,

Sur les gradins d'un cirque en ordre est étagée.

Le préfet de la Seine arrivant à propos,

Prête, à défaut du jour, ses ifs municipaux [2] ;

Les futurs combattans ont envahi l'arène :

Villèle, tel qu'un dieu, dans les rangs se promène ;

Comme juge du camp, armé de son grelot,

Sur un siége d'honneur monte le vieux Chillaud ;

CHANT CINQUIÈME.

Chacun porte ses pas où son ardeur l'appelle :

Les robustes lutteurs sont auprès de Villèle,

Ils comptent tour à tour, et les nobles présens,

Et les disques d'airain, et les cestes pesans;

Mais ceux que des combats épouvante l'image,

De ces insignes prix dédaignant l'avantage,

Ont suivi de leurs cœurs l'instinct moins courageux,

Et cherchent à l'écart de plus tranquilles jeux.

Par les soins de Villèle à leur foule empressée,

Une table solide est à l'instant dressée,

A chaque combattant on livre cinq jetons,

Et des lames d'ivoire et trente-deux cartons;

Roger sert de croupier [3], ses mains académiques

Parsèment le tapis de carreaux et de piques,

Et le noble écarté, triste démon des nuits,

Sur les tables du camp promène ses ennuis.

Peyronnet, qui souvent à sa grandeur déroge,

Se mêle à tous ces jeux, et, quittant l'épitoge,

Montre par ce qu'il est ce qu'il fut autrefois;

Aux caprices du sort il impose des lois,

Et souvent, pour plus tôt achever ses victimes,

Retourne finement des rois illégitimes.

Mais la voix de Villèle éclate de nouveau :

« Vous, dit-il, qui briguez un triomphe plus beau,

» Guerriers, puisque la gloire ainsi vous aiguillonne,

» La gloire est dans mes mains, et c'est moi qui la donne;

» Ou vainqueur, ou vaincu, pour chaque combattant

» Ma généreuse main garde un prix éclatant :

» Celui de qui la voix avec art modulée,

» Par les plus doux accords ravira l'assemblée,

» Recevra sur-le-champ un costume complet :

» Ce frac dont un or pur enrichit le collet,

» Ce haut-de-chausses noir, bouclé sur la ceinture,

» Ce gilet dont Berchut raffermit la couture,

» Ornemens glorieux, témoins de tant d'exploits,

» Dont je me revêtis pour la première fois

» Lorsque, bravant les pleurs et les cris d'une épouse,

» Pour combattre à Paris j'abandonnai Toulouse;

» Tel est le noble don au vainqueur destiné.

» Pour calmer la douleur du vaincu consterné,

» Je lui promets un prix que je chéris moi-même,

» Du pouvoir paternel noble et touchant emblême :

» C'est ce rotin noueux que le vieux Desbassins

» Remit en expirant dans mes robustes mains,

» Alors que, pour charmer mon ennui solitaire,

» J'essayais sur les noirs mon futur ministère 4. »

Il dit, et deux rivaux se dirigent vers lui;

L'un de la vieille Espagne inébranlable appui :

C'est Moustiers qui, chargé de croix et de reliques,

Revint en pèlerin des plages ibériques,

Et fidèle au pouvoir qui daigna l'adopter,

Tous les ans de Madrid arrive pour voter;

L'autre se montre après : c'est le beau Renneville
Qu'une goutte précoce a rendu moins agile [5] ;
Au pieux Saint-Acheul, jadis enfant de chœur,
Dans les combats du chant il fut toujours vainqueur;
C'était lui qui, Laïs de la semaine-sainte,
Entonnait de Sion la dolente complainte,
Quand aux pieds de l'autel treize fois l'éteignoir
Avait ravi ses feux au candelabre noir.

Un long cri dans le cirque accueille leur présence;
Mais l'austère Chillaud commande le silence.
On se tait : Renneville a déployé sa voix,
Sur un cinnor hébreu l'on voit errer ses doigts :
De notre belle France il dit la vieille histoire,
Ses quatorze cents ans de bonheur et de gloire [6] ;
Il invoque d'abord *Charlemagne et Clovis*
Veillant du haut des cieux sur l'empire des Lis.
Puis il dit le chaos de la première race,

Temps heureux où les rois s'égaraient à la chasse!

Il vante les surnoms qu'ont reçus ces héros,

Le Bègue, le Hutin, le Bref, le Long, le Gros.

Il chante le berceau de la grandeur romaine;

Pepin créant un pape exarque de Ravenne [7],

Et l'humble Louis-Sept, ceint d'un grossier cordon,

Aux moines de Créteil mendiant son pardon [8],

Et le premier François qui, docile à ses prêtres,

Chassait les imprimeurs pour restaurer les lettres [9].

Il rappelle surtout, dans ses touchans récits,

L'époque fortunée où régnait Médicis,

Où les rois en public entonnaient des cantiques,

Où le bon Charles-Neuf, fléau des hérétiques,

En forêt de Compiègne érigeant son balcon,

Du produit de sa chasse embaumait Montfaucon.

Des souverains de Rome il bénit la puissance,

Il dit comment Henri, pour être roi de France,

Soumit ses cardinaux aux verges d'Hildebrand [10];

Il arrive à la fin jusqu'à Louis-le-Grand ;

Du siècle des beaux-arts imposante merveille !

Il payait Chapelain bien plus cher que Corneille ;

Des portes de l'Église il raffermit les gonds,

A son doux confesseur confia ses dragons,

Et déchira, pour plaire à sa dévote amante,

De ses royales mains l'impie édit de Nante.

Ici, la voix du chantre a pris plus de douceur :

Au nom de Le Tellier, ministre confesseur,

Il chante de Jésus la sainte compagnie,

De ses mille martyrs la longue litanie ;

Et pour péroraison de l'hymne glorieux,

Il bénit mille fois nos ministres pieux,

Qui, zélés protecteurs de l'antique ignorance,

En nouveau Paraguay convertissent la France.

Le fils de Saint-Acheul a quitté le cinnor ;

Le chant cesse, et pourtant le peuple écoute encor ;

CHANT CINQUIÈME.

On eût dit qu'il venait d'entendre une sirène :

Un murmure flatteur circule dans l'arène.

Renneville s'incline, et l'on plaint le rival

Qui vient lui disputer le laurier triomphal,

Quand Moustiers apparaît, coiffé d'une auréole :

Il s'avance, portant la guitare espagnole,

Jette sur Renneville un regard de dédain,

Et d'un ton prophétique improvise soudain :

    O mon maître! ô Damas! toi dont la politique

    M'a créé dans l'Espagne agent diplomatique,

    Que ton nom invoqué résonne sur mon luth!

    Dans les soucis mondains jamais tu ne t'ingères;

    Les affaires pour toi sont toutes étrangères,

        Hormis l'affaire du salut.

Grâce à toi, j'ai foulé cette terre bénie,

Madrid, du Vatican fidèle colonie,

Où la robe d'Ignace est le manteau des rois;

Que de fois j'ai suivi d'un pas mélancolique

Ce beau Mançanarès dont l'onde catholique
Baigne des champs semés de croix!

Chez ce peuple dévot qu'en vain on calomnie,
La profane gaîté par l'Église est bannie;
Je ne l'ai jamais vu danser le fandango;
L'aspect d'un capuchon trouble une sérénade;
Car dans ce beau pays tout moine est un alcade,
Tout jésuite est un hidalgo.

A la Séo-d'Urgel un cordon sanitaire
S'ouvre devant Bonald et repousse Voltaire :
La peste littéraire est exilée au loin;
Le clergé dans ses fers y tient la presse esclave,
Nargue tous vos journaux, triomphe en paix et brave
La fraternité des Baudouin [11].

Heureux le Castillan! dans sa belle patrie,
Il dédaigne les arts et l'ignoble industrie,
D'hérétiques marchands avilissant fardeau;
En attendant que Dieu lui rende la Havane,
Il fume le tabac que fournit le platane,
Et se couche dans son manteau.

CHANT CINQUIÈME.

Si parfois l'appétit trouble leurs nuits austères,
Les vieux chrétiens à jeun, autour des monastères,
Rôdent en invoquant les hôtes du saint lieu ;
Leur prière du cloître a percé les murailles,
Et les pasteurs émus nourrissent leurs ouailles
    Avec la parole de Dieu.

O vous qui convoitez tant d'heur et tant de gloire,
Croyez-m'en, ce n'est point un espoir illusoire,
La France et la Castille auront les mêmes lois ;
Leurs mains se toucheront malgré les Pyrénées,
Et ces deux nobles sœurs vieilliront fortunées
    A l'ombre de la même croix.

Pour nos ministres saints quel avenir s'apprête !
Franchet cumulera sur son auguste tête
Les titres de préfet et de corrégidor,
Et le chef du conseil devant qui tout s'incline,
Auprès du cordon bleu, sur sa large poitrine
    Verra pendre la Toison-d'Or.

Dom Moustiers s'interrompt; le bruyant auditoire

Au Français-Espagnol décerne la victoire,

Et Chillaud, du vaincu déplorant le destin,

Au triste Renneville accorde le rotin.

Villèle, qui des jeux tient en main le programme,

S'est écrié : « Venez, vous que la gloire enflamme;

Écoutez-moi, guerriers dont les nobles désirs

Recherchant les dangers jusqu'au sein des plaisirs

Dédaignent un combat dont un berger s'amuse :

Celui qui le premier, armé d'une arquebuse,

Dirigera le mieux dans un but indiqué

Le coup d'un projectile avec force marqué,

Recevra pour présent une jeune captive

Qui pleure de Chio la paternelle rive;

Don touchant! que naguère, en m'appelant son fils,

Le noble Mohamed m'envoya de Memphis;

J'en atteste les Dieux ennemis du parjure,

Elle n'a de mes mains souffert aucune injure ;

Le soin de sa pudeur est commis à Dudon.

Au second des vainqueurs je garde un autre don :

Ce casque féodal à la flottante aigrette,

Et ce pesant mousquet garni de sa fourchette [12]. »

Il dit, et donne encor ses ordres souverains.

Dociles à sa voix, cent robustes marins

Arrivent, en roulant vers la foule étonnée

Du vaisseau de Chabrol l'antenne goudronnée.

Villèle, souriant à leur triste embarras,

La soulève lui seul dans ses robustes bras,

Et sur un cap voisin qui domine la rive

La dresse sans efforts et la retient captive,

Et lui-même d'avance a cloué de sa main

Au bout tremblant du mât la Charte en parchemin.

La foule à cet aspect se presse dans l'enceinte,

Chacun brigue l'honneur d'entamer l'arche sainte ;

Mais Chillaud fait un choix, et vingt noms rassemblés

Dans une urne à scrutin sont à l'instant mêlés.

Chifflet est le premier qu'a choisi la fortune,

Après lui, le héraut proclame Pampelune;

Ils tirent, et leurs coups sont perdus dans les airs.

Frénilly, Sesmaisons, aux jésuites si chers,

Lancent deux plombs brûlans qu'un dieu jaloux écarte;

L'avocat Pardessus, en ajustant la Charte,

Va frapper dans les rangs un innocent bourgeois

Accouru du Marais au bruit de ce tournois;

Bonnet a fait long feu; muni de ses besicles,

Piet de l'auguste cible emporte deux articles;

Frayssinous, au billard en Mingault érigé [13],

Le pied droit en arrière et le bras alongé,

Dans le mousquet profond a mis la boule noire,

Et son orgueil secret lui promet la victoire :

Il fait feu, le coup part et la balle a sifflé;

Jusqu'en ses fondemens le mât est ébranlé,

Le lien se détache, et la Charte écornée

CHANT CINQUIÈME.

Remontait vers les cieux qui nous l'avaient donnée,
Lorsque Salaberry, non moins prompt que l'éclair,
La poursuit dans son vol et la brûle dans l'air.

A ce coup imprévu, mille cris unanimes
Du Mont-Valérien ébranlèrent les cimes,
La Seine remonta jusques au Pont-des-Arts,
Le vieux temple d'Isis vit frémir ses remparts,
La pompe de Chaillot en gémit, et Grenelle
Trembla pour l'avenir de sa ville nouvelle.
Le comte de Toulouse, un instant ébloui,
S'apprête à couronner cet exploit inoui,
Et de sa propre main, aux yeux de l'assemblée,
Il remet au vainqueur la captive voilée.
Le modeste héros la reçoit à genoux,
Et le don du mousquet console Frayssinous.

Alors, pour clôturer cette touchante fête,

L'abbé Fayet accourt; c'est ce noble interprète
Qui devait, aux héros moissonnés dans ce jour,
Rendre un dernier tribut de regret et d'amour.
L'orateur près de lui convoque l'auditoire ;
Il venait de quitter la table aléatoire,
Et ses jetons en main, debout sur le gazon,
Il allait commencer sa funèbre oraison,
Lorsque des cris lointains suspendent l'homélie ;
La vedette à cheval sur le camp se replie,
Elle a sonné l'alarme, et Villèle surpris
Avec l'état-major vole au devant des cris.

Oh! qui peindra jamais leurs transports d'allégresse !
C'étaient tous ces héros à la verte vieillesse,
Qui, sauvés de la Parque à l'homicide coup,
Revenaient sains et saufs des filets de Saint-Cloud,
Et fiers vainqueurs du Styx, montraient à l'œil avide,
En guise de trophée un vêtement humide.

Plus de jeux, plus de pleurs, de funèbres discours ;

A la gaîté folâtre on donne un libre cours,

Les femmes des héros aux saules du rivage

Suspendent à regret leurs robes de veuvage ;

Les jeunes orphelins par Villèle adoptés,

Sont aux bras paternels en triomphe portés ;

Mais le héros gascon que la sagesse anime,

Calme de ces transports la fougue légitime,

Il craint que l'ennemi, de cette scène instruit,

Sur son camp féminin ne tombe dans la nuit.

Sa voix a retenti comme un coup de tonnerre ;

Autour du général la foule se resserre.

« Écoutez-moi, dit-il ; peuple, femmes, soldats,

Déposons dans ce camp l'appareil des combats ;

Rien ne doit ralentir l'élan de notre joie,

Car l'avare Achéron nous a rendu sa proie.

Retournons à Paris ; que Chabrol, dieu des flots,

Sur ses agiles nefs embarque mes héros ;

Que le peuple, groupé sur les bords de la Seine,

Puisse admirer de loin ma flottante carène.

Je vous invite tous : dans un large festin,

Allons parmi des chants attendre le matin,

Assouvir notre faim sur le dos des victimes,

Et pendre à mes lambris nos dépouilles opimes. »

CHANT SIXIÈME.

ARGUMENT.

L'armée ministérielle, rassemblée au palais Rivoli, célèbre sa victoire par un festin. — Épisode du coffre-fort. — Chillaud la Rigaudie prophétise. — Une héroïne se montre au balcon; alarme dans le château. — L'armée de Labourdonnaye investit la place; préparatifs de défense. — Le combat s'engage. — Exploits héroïques des deux partis. — L'abbé Trébuquet et le nouveau Goliath. — Les assiégés redoublent de courage. — Trait d'audace de Labourdonnaye. — Envahissement du château. — Villèle capitule. — Conclusion.

Chant Sixième.

Dans un bruyant festin prolongé jusqu'au jour,
Villèle a rassemblé tous les grands de sa cour;
Vingt lustres que chargeait l'odorante bougie
Éclairaient les débris de cette noble orgie;
Le héros de la fête, ivre de son bonheur,
Prodigue les cordons, jette les croix d'honneur,

Fait des promotions, donne à ses créatures

Des charges au Parquet, de grasses préfectures ;

Ses conseillers ventrus, de vin appesantis,

Modèrent à la fin leurs larges appétits :

Les plus fermes buveurs, se levant en cadence,

Privent de ses lauriers un jambon de Mayence,

Et le noble feuillage, en couronne tressé,

Sur le chef du ministre à grands cris est placé.

Tout-à-coup du palais tremble la longue arcade ;

Le solide pavé s'ébranle par saccade,

Et sur son rauque essieu s'avance avec effort

Un lourd fardier portant un large coffre-fort.

Au balcon du château, la troupe dans l'ivresse

De l'armée ennemie a reconnu la caisse.

« Amis, ranimez-vous une dernière fois,

» Par un dernier effort couronnez vos exploits,

» Dit Villèle; tombez sur cette faible escorte,

» Que ce riche caisson entre par notre porte. »

Le ministre a parlé; son bataillon guerrier

S'élance dans la rue et cerne le fardier.

Les gardes ennemis, accablés par le nombre,

Abandonnent la caisse et se cachent dans l'ombre;

Les vainqueurs ont leur proie, ils s'attellent au char.

Devant l'arche du fisc on voit danser César [1];

Du saint prophète-roi coupable parodie!

Mais du haut du balcon, Chillaud la Rigaudie :

« Arrêtez, leur dit-il, jeunes audacieux;

» Arrêtez, gardez-vous d'introduire en ces lieux

» Ce funeste présent qu'un grossier artifice

» Sous des dehors trompeurs livre à votre avarice;

» Avant que ce colosse en ces lieux soit porté,

» De ses flancs ténébreux sondez la cavité,

» Ou bien dans les fossés de la place voisine,

» Précipitez la caisse et sa lourde machine :

» Croyez-m'en, c'est un dieu qui parle par ma voix. »

Au discours du vieillard tout s'arrête à la fois,

Les Ventrus attelés demeurent en balance,

Quand auprès de Chillaud une femme s'élance [2] :

Un large cachemire, autour d'elle jeté,

Donne à ses traits noircis un air de majesté,

Et son chapeau construit d'une paille légère

Balance fièrement une plume étrangère.

« Quoi ! vous prêtez l'oreille aux discours d'un vieillard !

» Que faites-vous ? d'où vient ce funeste retard ?

» Hâtez-vous d'introduire en notre citadelle

» Ce coffre qui contient le trésor du rebelle ;

» S'il entre dans nos murs, mon cœur reconnaissant

» A ceux qui l'ont porté promet le trois pour cent. »

Chillaud tombe à l'instant frappé d'apoplexie ;

Roux, pour le secourir, ouvre sa pharmacie [3],

Et chacun dit tout haut que le ciel irrité

A puni le vieillard de sa témérité.

CHANT SIXIÈME.

Aussitôt par les soins de l'armée aguerrie

La pesante machine est sous la galerie ;

Des supports de l'arcade un pan est démoli,

Et le coffre est placé dans l'hôtel Rivoli.

Tout-à-coup du donjon l'active sentinelle

Agite à coups pressés le beffroi de Villèle ;

Le châtelain troublé convoque ses barons,

Monte à la tour ; son œil parcourt les environs ;

Il voit, qui l'eût pu croire ! en bon ordre formée,

Des vaincus de la veille une nombreuse armée ;

Elle marche, s'approche, et ses premiers drapeaux

Déjà du Garde-Meuble effleurent les arceaux.

Tous jurent à leur chef de défendre la place ;

Des commis de bureau l'active populace

Barricade à l'instant les portes du palais,

De registres poudreux forme des murs épais ;

L'arsenal est ouvert, les boules meurtrières

S'élèvent dans la salle en piles régulières;

Corbière à ses bouquins fait ses derniers adieux,

Pour la dernière fois les étale à ses yeux,

Il les compte en pleurant, et sa philosophie

Au salut de l'État enfin les sacrifie.

Elzevirs! chers objets d'un platonique amour,

C'est vous qu'il prend plaisir à grossir chaque jour,

Quand pour se délasser des soins du ministère

Il s'en va bouquinant le long du quai Voltaire [4]!

Muse! qui jusqu'ici secondant nos travaux

Nous as dit les hauts faits des deux partis rivaux,

Une dernière fois montre-toi secourable;

Daigne nous raconter ce siége mémorable,

Et sauve à notre voix de l'éternel oubli

Les héros de la Droite et ceux de Rivoli!

Près des murs assiégés le cordon se resserre,

On pousse avec effort les machines de guerre;

Au milieu du palais, en face du balcon,

Où siége avec les siens le monarque gascon,

Une énorme tribune à l'instant érigée

Paraît comme une tour de combattans chargée.

Labourdonnaye y monte, il les éclipse tous;

Debout aux premiers rangs il s'offre aux premiers coups :

On eût dit un héros de Virgile ou d'Homère;

Il porte sur son casque une ardente chimère,

Et, superbe, montrant son éclatant cimier,

Il réclame l'honneur d'aborder le premier.

Villèle, qui redoute un fâcheux abordage,

De sa garde fidèle attise le courage;

Ils entendent sa voix; le bouillant Puymaurin [5]

A lancé le premier ses médailles d'airain;

Il terrasse Bacot, et Clausel de Coussergues

Roule aux pieds de la tour frappé de deux exergues.

Excités par ce coup, Corbière et ses commis
Font pleuvoir les formats sur les fronts ennemis;
L'air se noircit au loin de leur noble poussière;
Déjà le long des murs se glissait Lézardière,
Ravez lance sur lui son grelot argentin,
L'éternel réglement, et l'urne du scrutin.
Les ligueurs sont troublés, ils songent à la fuite;
Alors sur la tribune un colossal jésuite
S'avance en agitant dans sa puissante main
Un recueil de l'*Étoile* et du journal romain;
Du général Fortis c'était le secrétaire [6].
« Paraissez, leur dit-il, héros du ministère !
Si quelqu'un veut tenter un combat singulier,
Qu'il vienne, je l'attends au bas de l'escalier. »
Provoqué par ces cris, du fond de sa cellule,
Trébuquet sort portant une arme ridicule [7];
Il vise le géant, et, d'un bras arrondi,
Fait jaillir du cylindre un liquide tiédi.

CHANT SIXIÈME.

A ce coup imprévu, le colosse chancelle;

Sur son noir vêtement l'onde fume et ruisselle :

Il fuit, et tous les clercs, priant dans les bureaux,

Sur un psaltérion célèbrent le héros.

La droite cependant, justement alarmée,

Voit des plus braves chefs la tribune semée;

Elle veut essayer, par un dernier effort,

D'escalader enfin l'inexpugnable fort;

Mille globules noirs, lancés d'une main sûre,

Du balcon de Villèle atteignent l'embrasure.

Sur son siége un moment le ministre a tremblé;

Mais de ses défenseurs l'effort a redoublé;

Ses commis, en voyant l'assaut de la fenêtre,

Changent en arsenal les bureaux de leur maître.

On jette pêle-mêle à l'assiégeant surpris

Ces Mémoires fameux, précieux manuscrits

Publiés par Ouvrard, rédigés par Villèle;

Puis des pétitions la série éternelle,

Volumineux dossier que l'oubli du bureau

Laisse dans un carton comme dans un tombeau.

Vous tombâtes aussi sur les troupes gothiques,

Chefs-d'œuvre de Leybach, actes diplomatiques,

Que le bon Metternich rédigea de sa main,

Pour le bonheur du monde et du peuple germain !

Et vous, nobles firmans, que d'une main amie

Le roi d'Égypte envoie au ministre momie !

Le fier Labourdonnaye, en cette extrémité,

Se prépare au grand coup qu'il a tant médité ;

L'entreprise est hardie, et peut-être insensée ;

Un héros seul conçoit une telle pensée.

Il ne l'ignore pas ; *mais, pour être approuvés,*

De semblables projets veulent être achevés.

Sur ses jarrets nerveux trois fois il se balance,

De la tour au balcon mesure la distance ;

CHANT SIXIÈME.

Puis, comme un trait que darde une robuste main,

Il s'élance et franchit l'aérien chemin ;

Un cri d'horreur le suit jusque dans son camp même.

Cependant, impassible en ce péril extrême,

Suspendu sur l'abîme entr'ouvert sous ses pas,

Le sang-froid des héros ne l'abandonne pas ;

Comme un grapin de fer, sa main serre la grille ;

Son audace, le feu qui dans ses regards brille,

Des plus hardis Ventrus étonnent la fierté ;

Villèle, en le voyant, recule épouvanté ;

On le combat de loin, de loin on le harcelle.....

Ainsi le fier vainqueur du Granique et d'Arbelle [8],

Emporté par l'élan d'une bouillante ardeur,

Des murs qu'il assiégeait franchit la profondeur,

Et sur la place, seul, la cuirasse entamée,

En attendant les siens, lutta contre une armée.

Mais, dupe d'un grand cœur, l'Alexandre français

Allait sur le balcon expier ses hauts faits,

Quand, dans l'intérieur surveillé par Corbière,

S'élèvent de longs cris et des flots de poussière.

O secours inouï ! cent guerriers redoutés,

Qu'en ses flancs caverneux le coffre avait portés,

Ont ouvert tout-à-coup leur prison volontaire ;

Leur cohorte envahit l'hôtel du ministère.

Au milieu de leurs rangs, à chaque instant grossis,

On distingue Sanlot et les deux Duplessis,

Berthier l'ultramontain, Bellemare, Bouville,

Bellissen, Mirandol, Bouchet, Bailly, Dupille.

Tout fuit à leur aspect ; l'agile Bouthillier,

De la tour du palais franchissant l'escalier,

Plante sur le donjon qui domine la plaine

Le drapeau de la Fronde et la croix de Lorraine.

A ce double signal, les ligueurs dispersés,

Au secours de leur chef montent à flots pressés.

CHANT SIXIÈME.

Du balcon envahi la cohorte troublée,

Abandonne Villèle au sein de la mêlée;

Serrant son porte-feuille ainsi qu'un bouclier,

Il résiste à leurs coups, et cède le dernier :

Tout son camp a crié : Vive Labourdonnaye !

Puymaurin, regagnant l'hôtel de la Monnaie,

Va, pour éterniser ce grand événement,

Du balancier royal hâter le mouvement.

L'aumônier Frayssinous s'élance à la chapelle

Finir un *Te Deum* commencé pour Villèle;

Et les fils de Mont-Rouge ont crié : Chapeau bas!

La Congrégation se rend et ne meurt pas.

Aux pieds de son vainqueur Villèle se prosterne :

« Tu m'as vaincu, dit-il, sois ministre et gouverne.

Des Gascons aujourd'hui le règne est aboli ;

Tu coucheras ce soir à l'hôtel Rivoli.

Puisses-tu repousser ces lentes agonies

Que Casimir Périer donne à mes insomnies !
Pour moi, loin de la Bourse et des cris du Sénat,
Je vais m'ensevelir dans le conseil d'État. »

Les deux partis rivaux, oubliant leur querelle,
Déjà serraient les nœuds d'une paix fraternelle,
Et prodiguant l'insulte à Villèle abattu
Tous de Labourdonnaye exaltaient la vertu.
Mais bientôt, aux regards de ce nouveau ministre,
La nuit vint révéler un avenir sinistre ;
Des signes éclatans, au front des cieux écrits,
De ces pâles vainqueurs glacèrent les esprits ;
Et la France espéra : l'immortelle déesse
Qui prête son épée aux martyrs de la Grèce,
Sur le fronton aigu du sénat plébéien,
Parut en agitant son casque phrygien ;

Panthéon, la croix d'or s'éclipsa sur ton dôme !

Sous les marbres sacrés de la place Vendôme

La terre tressaillit, et l'oiseau souverain

S'agita radieux sur sa base d'airain.

NOTES

Du Chant Premier.

—

1 Desbassins, orgueilleux de sa fraternité.

Desbassins de Richemont, beau-frère de M. le comte de Villèle.

2 Roux qui d'un nom trop court anoblit la roture.

M. Roux s'est fait appeler toute sa vie *M. Roux*, comme son père. Il a reçu la noble particule avec la médaille de député; c'est aujourd'hui M. *de* Roux.

3 Piet, traiteur du sénat.

M. Piet est à M. de Villèle ce que Cambacérès était à Napoléon ; M. Piet donne à dîner aux députés du centre les jours où le maître-d'hôtel du ministre annonce *relâche*.

4 Les députés du Nord au grand complet de douze.

Les douze députés du Nord ont l'honneur d'être tous ministériels. Ainsi ce n'est pas du Nord que nous vient la lumière.

5 Ce n'est plus un pétard allumé par Bouton.

Bouton fut condamné à mort pour avoir placé sur le Carrousel un pétard dont l'explosion aurait pu, si elle avait eu lieu, provoquer l'avortement de la duchesse de Berry. Cette peine fut commuée à la prière de la Princesse.

L'honorable M. Kœchlin, député, publia une brochure hardie sur les complots et les conspirations de Saumur et de Colmar.

On sait la tentative malheureuse du général Berton, qui partit de Thouars, le 24 février 1822, avec une centaine de fantassins et vingt-cinq cavaliers, pour révolutionner la France. Le vaste complot organisé à cette époque peut aujourd'hui s'avouer. On peut dire aussi que, s'il y eut du dévouement dans ces momens critiques, de la vigueur et du courage d'échafaud, ce fut seulement parmi les conspirateurs de second ordre. Les chefs de parti attendaient sans doute pour se produire que la besogne fût faite.

6   Au pan de mon habit j'ai cousu Renneville.

Alphonse de Renneville, ex-élève de Saint-Acheul, maître des requêtes et premier ministre de M. de Villèle.

7   Du friand Loriquet vont peupler le bercail.

M. Loriquet est supérieur de la maison des jésuites à Saint-Acheul.

8   Ton porte-feuille rouge au donjon du palais.

Les consuls romains faisaient élever sur leurs tentes leur casaque rouge : c'était le signal du combat.

9   Lors Martignac se lève.

M. de Martignac, qui fait des rapports, quitte quelquefois sa vile prose pour la poésie. C'est un poëte diplomatique.

NOTES

Du Chant Deuxième.

—

1 *Se sont-ils rassemblés, que le garde-des-sceaux.*

M. le comte de Peyronnet a été le premier maître d'armes de Bordeaux avant d'être le premier magistrat de la France.

2 *L'éternel président fait sonner sa sonnette.*

Il n'y a que des gens mal intentionnés qui voudraient établir ici un parallèle de personnes et de situation avec un des héros de La Fontaine :

Il faisait sonner sa sonnette.
LA FONTAINE, *les Deux Mulets*, fable.

3   Et l'inégal Roger, par des chants belliqueux.

M. Roger ne nous en voudra pas de l'avoir appelé *inégal*; le grand Tyrtée était boiteux, de même que lord Byron. L'académicien français a du moins un trait de ressemblance physique avec ces deux grands hommes.

4   Mont-Rouge va charger d'un marbre expiatoire.

C'est la place Louis XV où fut posée la première pierre d'un monument expiatoire le 3 mai 1826, jour de l'exaltation de la croix, anniversaire de la restauration des jésuites en France.

5   De Gaudiche suivi, part et passe le bac.

M. Gaudiche, ex-procureur du roi à Vitré, est aujourd'hui secrétaire intime de M. de Corbière.

6   Ravive l'Aristarque expirant chaque mois.

Ce qui suit est la nomenclature de ces hommes de l'extrême droite, impatiens de sacristie, qui voulaient retomber à pieds joints sur l'ancien régime, émigrés, chouans ou congréganistes qu'on disait encore plus royalistes que le roi. Célèbres alors, ces énergumènes sont aujourd'hui tous oubliés, depuis le banquier Sanlot-Baguenault, dont tout le mérite était dans sa caisse, jusqu'au fougueux Duplessis-Grénedan, qui traitait, en pleine Chambre, de *voleurs* les acquéreurs des biens dits nationaux. « Oui, répétait-il, ce sont des voleurs, et je le

» dirais sur les toits. » Pour faire taire les aboyeurs de cette espèce, il n'a pas fallu moins qu'un gâteau d'un milliard.

M. de Labourdonnaye avait fondé l'*Aristarque*, journal qui ne trouva ni sympathies ni abonnés. M. Sanlot Baguenault soutenait ce journal avec une pension mensuelle de mille écus. M. Sanlot suspendit sa pension, et l'*Aristarque* mourut.

7 Tu seras Marcellus!

M. Ferdinand de Berthier a une grande analogie de talent et d'opinion avec M. de Marcellus, l'auteur de l'ode à l'Ail et des Paraphrases des Psaumes de David.

8 Tout ministre pour lui sera toujours Decaze.

M. Clausel de Coussergues, violent ennemi de M. Decaze, accusa ce ministre d'être le complice de Louvel. Cette accusation n'eut pas de suite.

9 Conquit en sa personne un autre Delalot.

Le ministre, pour écarter M. Delalot, favorisa l'élection de M. Delpit. En arrivant à la Chambre, M. Delpit devint antiministériel.

NOTES

Du Chant Troisième.

—

1 Genoude, au champ de gueule, à la brillante aigrette.

M. Genou, puis Genoude, puis de Genoude, reçut du feu roi des lettres de noblesse qui l'autorisaient *à porter des gueules au casque taré de pourfil d'argent.*

2 Le prote de Pillet, personne fort discrète.

Pillet, imprimeur de la *Gazette de France*.

3 Oui, dit-il, c'est bien là le Cachalot momie.

Tout le monde connaît cet énorme cachalot qui est placé dans la cour du cabinet d'anatomie au Jardin-des-Plantes.

M. Cuvier a mis le squelette de ce cétacée sous sa protection ; il a également décoré les parois extérieures du même bâtiment d'immenses côtes de baleine ; c'est encore à M. Cuvier que la science doit le mammouth factice du Jardin-du-Roi. Heureux M. Cuvier, s'il n'avait jamais lu que sa Bible et son Buffon! s'il n'avait jamais fait que des mammouths! s'il n'avait jamais parlé que sur l'anatomie comparée à ses fossiles!

4   Cet esprit familier qui tremble sous tes lois.

C'est sans doute la nymphe Égérie de Numa ou la biche de Sertorius.

5   Embrasa de tes feux la fille de Panon.

M. de Villèle épousa dans sa jeunesse, à l'Ile-Bourbon, la fille de M. Panon dont il était régisseur. M. Panon s'anoblit ensuite ; il prit le nom de Desbassins, parce qu'il y avait trois bassins dans ses terres, ce qui est fort ingénieux.

6   Abbé Terray, parais, dit-il d'une voix haute.

Il y a, dans la consonnance de ces trois mots, quelque chose de cabalistique qui rappelle le *manè therè farès* du prophète Daniel. Cet abbé Terray était le Villèle de son siècle ; Voltaire le peint dans cet hémistiche :

Quand Terray nous mangeait.

7 Du malheureux rentier la dépouille chrétienne.

On se souvient de quel désespoir furent saisis les petits rentiers du Marais à la promulgation de la loi du trois pour cent créée par M. de Villèle. Ce Palinure fut probablement un de ceux qui se suicidèrent.

8 Le vieux Pline debout sur le cap de Mysène.

Tout le monde sait que Pline-l'Ancien, qui commandait la flotte romaine, écrivit sur la fameuse éruption du Vésuve dont il fut une des premières victimes.

NOTES

Du Chant Quatrième.

---

1   Chillaud la Rigaudie à sa droite placé.

C'est le doyen d'âge de la Chambre des Députés.

2   Du vieux moustier d'Issy les jésuites champêtres.

On voit à Issy, joli village près Paris, une de ces maisons jésuitiques dont M. d'Hermopolis a constaté l'existence dans un triple discours.

3   Chabrol, sur son radeau que la vague balance.

Il y a trois Chabrol à la Chambre des Députés : un ministre et deux députés. Celui qui *est atteint du mal de mer* est le ministre de la marine.

4 Ces mots sacrés : Jesus hominum salvator.

C'est la devise des jésuites. Ce fameux monogramme commence à reparaître dans les églises, sur les livres et sur des murs extérieurs : on peut même le voir, en lettres d'or et en relief, sur l'enseigne d'un coutelier au Palais-Royal, n° 150.

5 A ce visir trompeur renvoyez ces besans.

Les besans, qu'il faut distinguer des tourteaux, étaient des pièces d'or qui avaient cours en Orient.

NOTES

Du Chant Cinquième.

—

1 Ces héros ne sont plus ; c'est le sort des humains.

Les commentateurs ne manqueront pas de remarquer qu'il y a ici une grande analogie de position et de paroles entre M. de Villèle consolant des veuves et des orphelins, et le pieux Énée essayant de calmer une amante furieuse qui ne se calme pas. Dans toutes les épopées, les héros trouvent toujours d'admirables phrases pour exciter au meurtre, aux combats, à l'incendie; mais lorsqu'il s'agit de consoler des veuves ou des amantes, leur éloquence est toujours en défaut.

2 Prête à défaut du jour ses ifs municipaux.

Les poëtes font ici allusion à ces ifs funèbres que le préfet de la Seine fait planter sur nos places publiques les jours où le peuple est forcé de se réjouir sous peine d'amende.

3 Roger sert de croupier....

M. Roger, un des membres inconnus de l'Académie française.

4 J'essayais sur les Noirs mon futur ministère.

Il est peut-être inutile de rappeler au lecteur que M. de Villèle a été, dans l'Ile-Bourbon, ministre de la justice du riche colon M. Desbassins. Dans ce pays, la justice est toute paternelle; elle consiste à fouetter, chaque soir, tous les nègres, afin que les coupables ne puissent pas le lendemain se vanter de l'impunité. C'est sous ces auspices que M. de Villèle a fait son noviciat.

5 Qu'une goutte précoce a rendu moins agile.

M. de Renneville, premier ministre de M. le ministre des finances, a été élevé à Saint-Acheul, et les amitiés de collége exercent tant d'empire sur ses souvenirs, qu'il peuple ses bureaux de ses condisciples. M. de Renneville, quoique fort jeune, souffre déjà de la goutte, à l'instar des gens comme il faut.

6 Ses quatorze cents ans de bonheur et de gloire.

Ces siècles datent de Pharamond et finissent le 14 juillet

1789. Monseigneur l'évêque d'Orléans, qui a fait son cours d'histoire de France dans les colonnes de l'*Étoile*, vient, à la suite de son mandement pour le carême de 1827, de rappeler à ses ouailles les quatorze siècles en question. Voyez, pour plus amples renseignemens sur ces quatorze siècles, l'*Histoire de Paris*, par M. Dulaure.

7 Pepin créant un pape exarque de Ravenne.

En 757, Pepin dit le Bref fonda la puissance temporelle des papes, en concédant au souverain pontife Étienne III et à ses successeurs l'exarchat de Ravenne et la pentapole du duché de Rome, qu'il avait conquis sur Didier, roi des Lombards. L'honnête Pepin, pour obliger Étienne et lui faire cette libérale concession, avait pris la peine de passer les monts et de livrer une bataille rangée.

8 Aux moines de Créteil mendiant son pardon.

C'est une anecdote fort curieuse, et comme on en trouve mille dans les quatorze siècles de bonheur et de gloire dont parle Monseigneur d'Orléans. Elle est extraite des *Annales de l'Ordre de saint Benoît*, tome VI, page 700, rue de Richelieu, Bibliothèque du Roi.

Le roi Louis VII se rendait à Paris; la nuit le surprit à Créteil; il y soupa et coucha aux dépens des habitans. Ces habitans et ce village appartenaient au chapitre de Notre-Dame. Les moines, furieux de la hardiesse de ce roi qui s'était couché dans leurs lits après avoir mangé leurs vivres, résolurent d'en tirer une éclatante vengeance.

Le lendemain, Louis, étant à Paris, se rendit, suivant l'usage, à Notre-Dame pour assister aux offices : il trouva les portes fermées. Il eut la bonté de demander la cause d'un tel affront : les chanoines ne lui ouvrirent pas les portes, mais ils lui répondirent d'un ton mielleux :

« Quoique tu sois roi, tu n'en es pas moins cet homme qui,
» contre les libertés et les coutumes sacrées de la sainte Église,
» a eu l'audace de souper à Créteil. Voilà pourquoi l'Église a
» suspendu les offices et t'a fermé la porte. Tous les chanoines
» ont pris la résolution de se soustraire à ton autorité ; et plutôt
» que de souffrir la moindre atteinte aux droits de leur église,
» ils sont prêts à endurer toutes sortes de tourmens. » A ces mots, le roi, frappé de terreur, gémit, soupira, versa des larmes, et s'excusa en disant humblement : « Je ne l'ai point
» fait exprès, la nuit m'a surpris en chemin, il était trop tard
» pour que je pusse continuer ma route ; les habitans de Cré-
» teil se sont empressés de fournir à mes dépenses ; je ne les
» ai point forcés. Si je suis déclaré coupable, je ferai satis-
» faction. »

Et le bon roi, agenouillé sur le seuil de l'église, attendait le résultat de son humble supplique, en récitant dévotement ses prières ; mais les portes ne s'ouvraient pas. Louis réfléchit alors : il restitua aux moines les frais du souper, fit remettre au chapitre deux chandeliers d'argent, et les portes s'ouvrirent.

*

9 Chassait les imprimeurs pour restaurer les lettres.

François Ier supprima les imprimeurs, et prohiba l'impression de toute espèce de livres sous peine de la hart. Cet édit fut rendu le 13 janvier 1535, le même jour que la commission de la loi Peyronnet contre la presse s'est assemblée à la Chambre des Députés. Nous engageons les incrédules à compulser les dates.

10 Soumit ses cardinaux aux verges d'Hildebrand.

On sait que Henri IV, pour faire la paix avec Clément VIII, consentit à se faire fustiger à Rome par procuration. Les cardinaux d'Ossat et Duperron furent chargés de cette ambassade.

11 La fraternité des Baudouin.

Les frères Baudouin, célèbres par les belles et nombreuses éditions d'ouvrages philosophiques qu'ils ont publiés.

12 Et ce pesant mousquet garni de sa fourchette.

Ces sortes de mousquets étaient déjà passés de mode du temps de Molière, puisqu'au nombre des friperies que Me Simon veut vendre à Cléante, on trouve *trois gros mousquets tout garnis de nacre de perle, avec trois fourchettes assortissantes.*

13 Frayssinous au billard en Maingault érigé.

Maingault, célèbre joueur de billard, inventeur des queues à procédé.

NOTES

Du Chant Sixième.

—

1 Devant l'arche du fisc on voit danser César.

César Lapanouze, célèbre banquier de Paris et ami intime de M. de Villèle.

2 Quand auprès de Chilland une femme s'élance.

Il est peut-être superflu d'indiquer que cette femme, tombant ici comme une apparition, est madame de Villèle, née Panon.

3 Roux, pour le secourir, ouvre sa pharmacie.

M. de Roux, dans la dernière session, n'a parlé que sur la pharmacie; c'est un sujet qu'il doit connaître à fond.

4 Il s'en va bouquinant le long du quai Voltaire.

On rencontre tous les jours M. de Corbière se promenant, comme un simple particulier, sur le quai Voltaire, quartier-général des bouquinistes.

5   .... Le bouillant Puymaurin.

M. de Puymaurin, directeur de la Monnaie royale des Médailles; il est aussi chargé par surérogation de composer des distiques latins sur les héros qu'il coule en bronze; mais le distique est toujours le revers de sa médaille, comme l'a dit M. Jouy qui, dans la *Minerve*, perdait rarement une occasion de lancer contre M. de Puymaurin les épigrammes les plus spirituelles et les plus mordantes.

6 Du général Fortis c'était le secrétaire.

M. Fortis est le général romain des jésuites.

7 Trébuquet sort, portant une arme ridicule.

Voyez la note 4 des *Jésuites*, page 128 de ce volume.

8 Ainsi le fier vainqueur du Granique et d'Arbelle.

On connaît ce trait de hardiesse d'Alexandre-le-Grand, qui s'élança seul dans la ville des Oxidraques, que son armée assiégeait.

FIN DU TOME PREMIER.

TABLE.

	Pages.
Notice par L. Reybaud.	1
Sidiennes.	1
Épitre a M. le comte de Villèle.	67
Les Jésuites.	91
Les Grecs.	137
La Villéliade.	167

www.ingramcontent.com/pod-product-compliance
Lightning Source LLC
Chambersburg PA
CBHW071135160426
43196CB00011B/1904